Manual de **desinstrução** para **tempos** de **incertezas**

Alessandro Marimpietri

Manual de **desinstrução** para **tempos** de **incertezas**

Prefácio de **Alexandre Coimbra Amaral**

VESTÍGIO

DIREÇÃO EDITORIAL
Arnaud Vin

EDIÇÃO E PREPARAÇÃO DE TEXTO
Bia Nunes de Sousa

REVISÃO
Claudia Vilas Gomes

CAPA
Diogo Droschi

DIAGRAMAÇÃO
Waldênia Alvarenga

Dados Internacionais de Catalogação na Publicação (CIP)
Câmara Brasileira do Livro, SP, Brasil

Marimpietri, Alessandro
Manual de desinstrução para tempos de incertezas / Alessandro Marimpietri ; prefácio de Alexandre Coimbra Amaral. -- 1. ed. -- São Paulo : Vestígio, 2025.

ISBN 978-65-6002-123-5

1. Autoajuda 2. Autoconhecimento 3. Cultura 4. Desenvolvimento pessoal 5. Espiritualidade 6. Saúde mental 7. Subjetividade 8. Transformação I. Amaral, Alexandre Coimbra. II. Título.

25-287764 CDD-158.1

Índices para catálogo sistemático:
1. Crescimento pessoal : Conduta de vida 158.1

Eliete Marques da Silva - Bibliotecária - CRB-8/9380

A **VESTÍGIO** É UMA EDITORA DO **GRUPO AUTÊNTICA**

São Paulo
Av. Paulista, 2.073 . Conjunto Nacional
Horsa I . Salas 404-406 . Bela Vista
01311-940 . São Paulo . SP
Tel.: (55 11) 3034 4468

Belo Horizonte
Rua Carlos Turner, 420
Silveira . 31140-520
Belo Horizonte . MG
Tel.: (55 31) 3465 4500

www.editoravestigio.com.br
SAC: atendimentoleitor@grupoautentica.com.br

Para Alexandre Coimbra Amaral, artífice desta aventura.
Para Fernanda Burgos, pé do meu samba.

Ô tira teima à queima roupa
Tire a venda e não dê sopa, acorde
A vida não é um jogo que tem volta

"Oxe, como era doce", de
Roberto Barreto e Russo Passapusso

11 Prefácio, por Alexandre Coimbra Amaral

15 Introdução

Viver o tempo

21 Passado, presente e futuro: tudo ao mesmo tempo agora!

29 Retrotopia, saudosismo, nostalgia e outras mumunhas mais

36 A vida no *loop* da montanha-russa

42 A impermanência de uma bolha de sabão

55 Outro jeito possível de estar no mundo

Cultivar o espanto

63 O espanto diante da vida ordinária

71 Qual o destino de sua viagem?

82 Da rotina ao ritual

91 Encantar o mundo

Elogiar a imperfeição

107 O imperativo do êxito: performar é viver?

114 As armadilhas da mesmice

119 O mito da independência

131 Um lugar para as nossas dores

139 A vulnerabilidade como caminho para a humanidade

Amar como verbo

151 O trabalho do amor

160 Amar é dar as mãos

172 A crise da palavra: narrar é fazer o amor

188 Por fim e apesar de tudo, o amor é esperança

199 **Agradecimentos**

200 **Notas**

Prefácio

Conheci o Alessandro no início de 2003, quando começamos a trabalhar na mesma universidade, em Salvador. Éramos talvez os mais jovens professores do corpo docente e tínhamos quase a mesma idade da maioria dos nossos estudantes. Aos 20 e alguns anos, éramos aquela mistura de entusiasmo com medo, de ternura com um pouco de rigidez para sustentar o lugar de quem deveria ter o que dizer. Eu tateava lugares, provava comidas, escutava histórias com a curiosidade de um migrante recém-chegado à Bahia, essa terra que, em muito pouco tempo, se tornaria um dos meus lugares no mundo.

Alessandro Marimpietri sempre foi uma das vozes que mais me mobilizaram a escuta. As rodas de conversa o chamavam como ímã, a curiosidade em cada um se fazia alerta quando ele ia dizer algo. Era lindo de ver o que mais se repetia: professores decanos escutando aquele jovem, atentos, com os olhos entre a surpresa e a admiração. Sábios podem sê-lo desde tenra idade e naturalmente se fazem sentir pela capacidade que têm de promover a atenção para o que dizem, sentem e fazem. E os sábios costumam ter uma característica essencial: a autenticidade na forma de enunciar suas ideias.

Você vai sentir ao longo deste livro todo que Alessandro é a erudição que gosta de sambar, é a música que canta a poesia da teoria aplicada às cenas mais palpáveis. Ele não teme misturar elegantemente a arte com a teoria, a psicologia com as demais ciências humanas, e sua velocidade de pensamento com um poema contemporâneo. É um alquimista da vida, juntando aquilo que o mundo binário decidiu por "ou isto ou aquilo". O tempero da palavra de Alessandro é coisa de chef, mesclando ideias de texturas nada óbvias. (E eu, que sou amigo, posso assumir: o cara ainda cozinha tão bem quanto escreve livros.)

Desde aqueles tempos de juventude docente – que hoje parecem tão distantes, mas ao mesmo tempo ainda se fazem sentir em mim –, eu invejava nossos alunos em comum. Afinal, eles podiam aprender com o Alê toda semana, e a prova inconteste de que eles aplaudiam a aula era a presença acachapante da sala lotada no último horário da turma de sexta à tarde. Mas o real e sem viés algum é que eu invejava de verdade aquela galera. Eles estavam tendo a oportunidade de escutar, desde jovens, um dos maiores intelectuais da nossa profissão. Eu sentia que ele se transformaria, em muito pouco tempo, numa voz proeminente naquilo que ele se dispusesse a falar. Não deu outra: pergunte a qualquer pessoa das comunidades escolares que ele já visitou com suas palestras Brasil afora. Não há quem não se impressione com a capacidade que ele tem de destravar a complexidade quase incompreensível da vida neste século. E ele fala sorrindo, coisa que não podemos ver durante a leitura; ainda assim, te convido a imaginá-lo lendo para você com um sorriso que emoldura a palavra. Gosto particularmente de gente que sorri para produzir conexão com quem escuta, e o Alessandro faz isso, trazendo uma certa timidez para passear por entre as frestas que se revelam entre a palavra e o silêncio.

Este primeiro livro de Alessandro Marimpietri é um banquete de boas palavras, que merecem ser sorvidas com calma, jamais com a pressa que marca nossos dias acelerados. Elas se dispõem em capítulos cadenciados, e sugiro que a leitura seja feita com um caderninho ao lado. Você vai querer anotar algumas frases geniais, que misturam poesia, música, cinema, artes plásticas, psicanálise, sociologia, filosofia e cultura pop. Algumas destas referências estão explicitadas; outras aparecem de soslaio, como um delicioso jogo simbólico de se revelar e ao mesmo tempo esconder. O texto de Alessandro acredita que há lacunas de sentido que só podem ser preenchidas pelo leitor, deixando respiros implícitos que conferem ainda mais força à narrativa.

Você que está lendo este livro será respeitado durante toda a sua travessia pelas páginas aqui impressas. Vai se sentir amparado por um professor brilhante, escutado por um psicólogo que respeita o seu direito de ser único e, por isso mesmo, de fazer uma leitura que caiba somente à sua forma escolhida para viver. Mas inegavelmente você sairá de cada jorro de palavras lidas com perguntas, poesia e inquietude, elementos que fazem parte daquilo que ele mesmo elenca como parte do desafio de reencantar a vida neste século.

As ideias vão chegar a você aos poucos, até porque um dos pontos centrais que Alessandro nos traz à reflexão é: temos tempo para uma vida que valha a pena, coerente com quem somos? Ou a vida está sendo atropelada por um tempo voraz e hiperexigente, que nos transforma em máquinas de produzir? Como fica a alma do tempo? Como resgatar a beleza de uma vida absolutamente ordinária? O tempo é o eixo principal do livro, é o carro abre-alas do enredo mágico que Alessandro desfila harmoniosamente com as palavras que falam do contrário. O enredo que nos importa assumir é o compasso que nos devolve a humanidade: somos imperfeitos, imprecisos, nos assustamos com a avalanche de possibilidades e exigências que nos chegam sem aviso prévio, como uma bateria que ensurdece antes da primeira alegoria.

No final, o livro fala sobre o amor, essa atitude redentora para os desesperos de existir, norte da bússola que nunca desiste de nós, náufragos sem nome e cheios de desejos sublimes e ao mesmo tempo afogados no tempo que tudo devora. O amor se revela, ao final do livro, como a poesia que esteve o tempo todo conduzindo a narrativa. É um amor que está na disposição impressionante que Alessandro Marimpietri tem ao dizer que, sim, temos saídas para os desvarios, e, sim, a urgência do encantamento não é incompatível com nenhuma emoção que queira se mostrar. Podemos chorar, querer voltar no tempo da delicadeza, querer inventar a vida que está prestes a ser sonhada. Tudo está em nossas mãos, basta que tenhamos a coragem de desafiar os adoecimentos culturais de nosso tempo. Este livro é uma cartografia, um mapa que deixa perguntas e rastros de beleza, que desenha dores e assinala cicatrizes que todos já trazemos. Mapas não são o território, nós somos a terra fértil onde podem brotar esperanças coletivas que forjam um mundo que acolha melhor nosso direito de sonhar.

Eu te convido a passear pelas páginas deste livro de estreia de Alessandro Marimpietri, que já se transformou em um livro de cabeceira e para o qual retornarei sempre que me sentir angustiado com alguma questão que me desampare por ser sujeito contemporâneo. Além de tudo, o Alê fez uma coisa maravilhosa por mim: com este livro, não preciso mais sentir inveja dos nossos ex-alunos. Através destas páginas, realizei o sonho de tê-lo como meu professor.

Alexandre Coimbra Amaral
Psicólogo, escritor e *podcaster*

Introdução

Vou mostrando como sou
E vou sendo como posso
Jogando meu corpo no mundo
Andando por todos os cantos
E pela lei natural dos encontros
Eu deixo e recebo um tanto
E passo aos olhos nus
Ou vestidos de lunetas
Passado, presente
Participo sendo o mistério do planeta

"Mistério do planeta", de Moraes Moreira,
Luiz Galvão e Paulinho Boca de Cantor

O texto novo-baiano parece mais atual que nunca: somos um tanto malabaristas do nosso tempo. Somos a beleza e a exaustão, a crise ambiental e o imperativo de bem-estar, a hiperconexão e o desamparo, o crescimento da intolerância e o elogio à diversidade. Vivemos um tempo de paradoxos.

Conjugando a esquina de casa com o outro lado do mundo, estamos tateando nossa existência de forma ineditamente planetária por entre nuances de incerteza e semblantes de insegurança. É assim que vamos vivendo como dá e nem sempre como queremos. Inventando e reinventando nosso existir, jogamos nosso corpo num mundo que se dissolve bem diante dos nossos olhos que piscam, atentos e por vezes anestesiados.

Há nisso tudo desesperos e deslumbramentos, mas sempre o que fica é o encontro. Esse jeito nosso de cerzir a humanidade, afinal o sentido da vida é o outro, como nos alerta o poeta Ferreira Gullar. Aí está o mistério: como vamos juntos atravessar e sermos todos atravessados pelo nosso tempo presente, reverenciando o passado e abandonando suas vestes emboloradas, para quem sabe acender em ato, gesto e coragem uma faísca de futuro? Reinventar o hoje é o nosso modo mais nu e cru de vislumbrarmos um novo tempo e outras formas de existirmos nesse tempo.

Este livro é um conjunto impreciso de reflexões sobre a vida da gente neste agora que envolve nossos dias. Mais que isso, é um abrir de braços ao abraço do "um mais um é sempre mais que dois". Um jeito de se fazer convite ao dar as mãos, fazendo da travessia que é a vida uma peripécia linda e mágica, cansativa e técnica, como aquela que faz os malabares darem suas piruetas no ar, diante dos olhos incrédulos e fascinados das crianças diante dos encantos do picadeiro de um circo.

Toda escrita é uma deliciosa e intrépida aventura rumo à incompletude da compreensão. Jamais o que está escrito aqui neste livro chegará a cada pessoa que o lê do mesmo modo como foi pensado ou escrito. Isso seria algo realmente impossível, ainda bem! Aquilo que nos parece, à primeira vista, um desvio é na verdade o lugar onde habitam as nossas melhores possibilidades.

Graças a esse inescapável desencontro, cada palavra deste livro e especialmente suas cirandas em forma de frases, parágrafos e capítulos serão sempre novas diante dos muitos olhos que passearem por suas veredas de ideias. Nenhum livro é definitivo. Tudo aqui será, para todo o sempre, reinventado pela leitura de quem folhear suas páginas. Essa reinvenção constante é justamente aquilo que o torna incompleto, não definitivo e, de alguma forma, infinito, uma vez que se faz a muitas mãos.

O livro se debruça sobre caminhos e descaminhos de vivermos nossa atualidade. Quatro grandes ações foram escolhidas por, talvez, se fazerem úteis ao esboço de uma nova perspectiva. Assim, quiçá possamos inaugurar outras atitudes diante de alguns dos muitos desafios deste nosso tempo contemporâneo.

Viver o tempo, **cultivar o espanto**, **elogiar a imperfeição** e **amar como verbo**. Cada uma dessas ações é composta por pequenos textos que se encerram em si e, ao mesmo tempo, constroem ligações com os textos seguintes. Por isso, há muitas formas de ler este livro. Nada de ordem, regras ou roteiros rígidos: aqui haverá tantos itinerários de surpresas e descobertas quantas forem as pessoas que com ele se envolverem.

No corre-corre da vida contemporânea, cada pessoa pode bebê-lo de um só fôlego ou degustá-lo vagarosamente, revolucionando a lógica da celeridade sem pausa, inventando um tempo para sentir e pensar a vida. Da mesma forma, na brecha de um pequeno intervalo da rotina, desde onde às vezes podemos ver o enaltecimento da vida, ele pode se abrir tal qual uma flor à primavera; basta que se escolha uma de suas partes aleatoriamente. São pequenas porções de reflexão que podem ser sorvidas na ordem aqui proposta, compondo assim um caminho, ou em qualquer ordem que melhor convier a quem as lê, tal qual um suspiro próprio, capaz de abrir janelas em nós.

Que estas páginas façam as vezes de um mergulho, daqueles de cabeça e coração abertos, por parte de quem as tiver à mão. Nada aqui é verdade definitiva ou certeza perfeita. Não há conclusões hermeticamente fechadas. São lampejos despretensiosos de reflexão sobre a nossa vida e sobre o nosso tempo. Cada pessoa que o ler reescreverá suas histórias. Desse modo, esse livro poderá, encarnando seu destino encantado, jamais chegar ao fim.

Boa viagem!

Viver o tempo

Tome logo um Engov
Pra curar sua ressaca
Da modernidade
"Piercing", de Zeca Baleiro

Passado, presente e futuro: tudo ao mesmo tempo agora!

O mundo está bem melhor do que há cem anos atrás, dizem
Morre muito menos gente
As pessoas vivem mais
(...)
Quem me dera
Não sentir mais medo
Quem me dera
Não me preocupar
"Dizem", de Arnaldo Antunes

Exatamente à meia-noite, hora emblemática em muitos contos de fadas, sentado nas escadarias de uma das igrejas da Cidade Luz, um roteirista norte-americano e escritor frustrado percebe um carro antigo que estaciona à sua frente. Seus ocupantes lhe fazem um inusitado convite: acompanhar o grupo, vestido a caráter e bebendo champanhe, em uma animada noitada nos anos 1920.

Embora inicialmente tenha imaginado estar a caminho de um baile à fantasia, o protagonista do filme de Woody Allen, *Meia-noite em Paris*, faz uma viagem no tempo. Ao perceber estar imerso em outra época, cercado de figuras icônicas do mundo das artes, ele tenta aproveitar ao máximo a experiência. A questão é que logo o protagonista percebe que os viventes do passado também se inclinavam à sedução da ideia de que bons mesmos eram os tempos idos. Lá onde os ponteiros rodam para trás é que estaria o esconderijo do pote de ouro, bem aos pés de um onírico arco-íris. O filme trata de um tema que toca diretamente o modo de vivermos a atualidade: como lidamos com o passado, estamos vivendo o presente e projetamos o futuro.

É com essa alegoria que se abre o convite: vamos juntos refletir sobre o tempo contemporâneo e, mais que isso, pensar e sentir como vivemos a atualidade tanto nas camadas mais pessoais e afetivas quanto nas de ordem coletiva. Nessa viagem sobre o tempo, encontraremos momentos de maior agonia, que logo conversam com gracejos de otimismo. Por vezes teremos a sensação de que estamos diante de uma rua sem saída; de repente, se desvela diante dos nossos olhos incrédulos possibilidades de considerar, ou seja, buscar alternativas para os nossos dilemas olhando para um céu que se mostra enfeitado de estrelas.

Mesmo que a gente não saiba ao certo como, refletir sobre nosso tempo enquanto vivemos mergulhados dos pés à cabeça nele nos faz lembrar que precisamos uns dos outros para conseguir enxergar aquilo que se revela. Para interpretar a realidade, sempre conjugamos nossas ações no plural, já que toda interpretação é sempre impura, misturada, além e aquém da realidade captada pelo nosso ponto de vista. Toda capacidade de entender a vida é sempre um pouco nossa e um pouco dos outros: um tanto de individual com outro tanto advindo da nossa cultura, da coletividade. Nesse jogo de singularidades, particularidades e universalidades, vamos lançando o nosso corpo no mundo, sendo por ele atravessados e deixando nosso rastro nos seus caminhos, modificando para sempre a paisagem.

Compreender os cenários dos nossos dias, é algo que somente se faz possível pela arte do encontro. A cientista social Kasley Killan defende que a saúde social é essencial para o nosso tempo, apontando a solidão como uma epidemia de impactos que vão muito além dos já conhecidos prejuízos pessoais. Em seus estudos, vemos o quanto a questão dos verdadeiros encontros e das relações efetivas de conexão são cruciais num mundo onde a virtualidade e o autocentramento se fazem marcantes.[1]

Os dados apontam para uma redução do número de amigos próximos, para uma dificuldade de identificar a quem pedir ajuda num caso de necessidade e para um aumento do sentimento de solidão. As consequências se alastram desde os campos mais claros que são os psíquicos e sociais, alcançando inclusive as dimensões produtivas e o mundo do trabalho. Criamos a hiperconectividade para produzir mais e melhor, chegando ao ponto em que há menos conexão de verdade, prejudicando toda a nossa vida, inclusive a tão sonhada produtividade. Somos feitos daquilo que fazemos.

Diante de contradições tão grandes e múltiplas, compreender como lidamos com o nosso tempo desde novos lugares se revela quase uma condição à nossa sobrevivência. Cada vez que tentamos entender a realidade, já a estamos modificando, queiramos ou não, vez que somos produtos e produtores, criadores e criaturas, a argila e sua escultura. Sem conseguirmos escapar dessa dialogia, vamos vivendo como podemos, criando vidas dentro da nossa própria vida, morrendo e nascendo a todo tempo.

Tentar segurar o tempo, possuir o tempo, é miragem inalcançável. O tempo não pertence a ninguém. Ele existe para além de qualquer um dos seus predicados. Não temos qualquer aspiração de controle sobre seu destino indomável. Sua dança livre e louca nos envolve, queiramos ou não. Há no enredo de seu ritmo, seja ele lento ou frenético, quem dance e quem tropece, quando não fazemos as duas coisas de uma só vez.

No que se refere ao tempo, deixar para lá é muitas vezes necessário e, de algum modo, saudável. Essa é a defesa de

Mel Robbins, escritora norte-americana especialista em mudança comportamental. Sua apologia é não tentar controlar o incontrolável, aquilo que escapa da nossa possibilidade de manejo para nos concentrarmos naquilo que de fato podemos mudar, ajustar, criar ou intervir.[2]

Gastar energia tentando conter o imponderável é uma linha reta na direção do sofrimento, uma possível dispersão da concentração naquilo que, de fato, é essencial e uma garantia consistente de frustração. Por outro lado, deixar ser o que tem que ser, ou seja tudo que está para além do nosso controle, redobra nossas forças diante daquilo que, efetivamente, está ao alcance das nossas mãos. Tentar clarear o céu que insiste em trovejar, ou fazer chover um céu azulado, é inútil. O convite é achar beleza nas muitas cores do céu e nos concentrarmos no que cada um de nós, individual e coletivamente, podemos fazer debaixo do firmamento.

Com nossas possibilidades sempre atravessadas por inúmeras camadas – condições sociais e econômicas, temáticas de raça e de gênero, dimensões geográficas, culturais, interpessoais, subjetivas, familiares e assim segue por uma lista quase sem fim –, seguimos tentando viver o tempo da melhor forma possível. Nosso tempo, que aqui chamamos de atualidade, nos mostra que nada de fato será como antes, mesmo aquilo que se repete.

Interpretar ao passo que se vive não é tarefa fácil. Por isso é comum termos a sensação de que nunca chegamos realmente em casa nesse mundo apressado por tantas mudanças. Nossa gente é tomada por essa percepção de que não reconhecemos mais aquilo que sabíamos como certo, ao mesmo tempo que não há uma verdade para se colocar no mesmo lugar. Aquilo que conhecíamos como estudar é muito diferente do

> Interpretar ao passo que se vive não é tarefa fácil.

que se apresenta hoje, aquilo que sabíamos sobre o amor parece ser outra coisa, o nosso jeito de trabalhar não para de ser outro, e abrir um jornal pela manhã virou um mix de *nonsense*, distopia e ficção científica.

Viviane Mosé, filósofa, psicóloga e psicanalista brasileira, nos revela a dubiedade típica das rupturas: a angústia de vermos um ideal de mundo ruir bem diante dos nossos olhos e a chance de refazermos o mundo sob novos valores e perspectivas que não caberiam em certas tradições consolidadas, absolutas e livres de fissuras ou estrias.[3] Desintegram-se os valores antigos, as verdades que nos davam alguma segurança, algumas das mais consolidadas instituições e, a tiracolo de tudo isso, rui um antigo "modelo" de humanidade. Tudo isso nos deixa atônitos, mas também permite uma possível recriação.

Diante desse cenário, emerge a pergunta: como dar conta de entender tudo isso ao mesmo tempo em que *vivemos* tudo isso? Com a clareza dos seus alardes, a atualidade nesse ponto não se faz de rogada. Ela nos adverte que no tempo em que estamos vivendo, com nossas verdades viradas de ponta-cabeça, é no outro, no campo tortuoso da palavra, na seara profunda dos afetos, com todas as suas avenidas e entroncamentos, que damos passadas firmes na direção de nos reconhecermos como humanidade.

Temos um trabalho coletivo pela frente, que é acharmos o sentido da vida num hoje que possa pegar do passado aquilo que realmente importa, abandonando o que sobra, e que seja corajoso para dizer sim para a aposta de imaginar um amanhã novinho em folha. Como explica o escritor brasileiro Ailton Krenak, "vamos ter que produzir outros corpos, outros afetos, sonhar outros sonhos para sermos acolhidos nesse mundo e nele podermos habitar".[4] É assim que tentaremos, como diz o título de outra obra do mesmo autor, adiar o fim do mundo.[5]

É o poder do encontro que concilia alteridades como quem reverencia a polifonia dos discursos e ama o diverso, como quem vê no colorido uma profusão de possibilidades e não uma confusão de cores. Para esse diálogo, partiremos sempre do pressuposto que nenhuma verdade é absoluta, nenhuma posição é imutável e, no campo das certezas, nos restam as boas e variadas preguntas.

Indagarmos sobre nosso tempo, como quem ultrapassa a mera curiosidade e se lança de corpo e alma no olho do furacão das incertezas, é hoje menos uma escolha e mais uma necessidade.

O tempo, essa entidade fugidia, nunca marcha em linha reta. Embora seu destino seja o movimento, ainda que nunca pare, por vezes o tempo pode nos dar a impressão de estar congelado, estático sem conseguir direcionar seu vetor para um amanhã minimamente plausível. Ficamos meio presos em círculos, sem conseguir enxergar o que há fora do redemoinho. Assim estamos nós, girando em torno do hoje, com *flashes* picotados do passado flutuando em nossa frente, sem achar onde está a saída de emergência em direção ao futuro.

Viver a contemporaneidade é testemunhar o tudo-ao-mesmo-tempo-agora. Um amálgama de pedaços de tempo, hiperinflados, hiperdimensionados, hiperbólicos que, por estarem inchados, terminam por ficar um tanto desfigurados. Já não reconhecemos com facilidade suas pistas, seus rastros e seus sinais. Tudo é meio exagerado hoje em dia, quase nada é pequeno, discreto, simples. Uma grande mistura de tudo e mais um pouco, que, embora confusa e difícil de decifrar, se converte também em uma brecha promissora a criações que ainda nem sequer podemos supor.

Os parênteses históricos, típicos das suas transições, do qual somos rebentos, abrem espaço para uma incompreensão angustiante, ao mesmo tempo em que facultam um lugar ao plantio de um campo novo, esverdeado de possibilidades inéditas.

A vida como uma vasta plantação nos campos da atualidade nos convida a vermos que o "presente é o interlocutor do passado e o locutor do futuro", como destaca Antônio Bispo dos Santos, lavrador, líder comunitário e escritor brasileiro.[6] Esse tipo de semeadura é daquelas empreitadas bem grandes da qual sozinhos jamais daríamos conta. Por outro lado, se a encararmos juntos, arando a muitas mãos essa terra desconhecida, abrindo nela os sulcos e regando com afeto e persistência as suas sementes, talvez façamos da nossa queda um passo de dança, como disse Fernando Sabino.[7]

Isso significa ampliar a nossa história, ofertando uma pluralidade de contornos e recheios ao que vivemos. Precisamos contar as muitas histórias que vivem por dentro da nossa história. Nossa capacidade de pensar e repensar a realidade, assim como de construí-la e reconstruí-la depende das histórias que nos compõem. Se as narrativas são plurais e amplas, tanto mais se encorpa o caldo de sentidos possíveis sobre fatos, fenômenos e realidades. Assim, contando e recontando nosso tempo, teremos uma vida com mais sabores, mais saberes e mais transformação.

Por outro lado, a monotonia simbólica, que a escritora nigeriana Chimamanda Ngozi Adichie nomeou como "o perigo de uma história única", empobrece os caminhos, atrofia os pensamentos, encurta os sentidos e aprisiona os sentimentos.[8] Esse deslocamento que a pluralidade das histórias promove abre uma cancha para a novidade e nos dá a sorte de, não ficando apenas com uma pequena porção recortada da vida, mergulhar nas profundezas da nossa humanidade, nas quais se encontram tesouros inimagináveis embaralhados em algumas dores até então indizíveis. Narrar as muitas histórias que compõem o nosso tempo é um jeito de compreender melhor o que se passa nele, ao passo que é uma maneira de refazer as suas profundas estruturas.

Quem sabe assim a gente não ache, lá onde o céu põe o sol para descansar, aquilo que o poema de Vinícius de Moraes chamou de uma "pequenina luz indecifrável a que os poetas, às vezes, dão o nome de esperança"?[9]

Retrotopia, saudosismo, nostalgia e outras mumunhas mais

É você que ama o passado e que não vê que o novo sempre vem

"Como nossos pais", de Belchior

Frente ao fato de que a contemporaneidade mais parece uma sala de espelhos, cheia de portas que não sabemos ao certo escolher nem para onde cada uma nos levaria, muitas vezes interpretar a atualidade é como navegar à deriva.

Diante da falta de um direcionamento seguro, com os ventos soprando na nossa vida muito rapidamente em direções diversas, com rotas se modificando a todo momento, por vezes, temos a sensação de que resta a resignação de nos sentarmos na proa do barco, com o queixo apoiado nas mãos, fitando o horizonte e todo aquele imenso oceano sem terra à vista. Contemplando toda a maré da incerteza, nos confortamos ao imaginar como eram bons os tempos passados, quando as coisas todas pareciam mais certas, controláveis e previsíveis.

O cérebro humano gosta de alguma previsibilidade: padrões são referências e o insuspeitado exige de nós esforço, energia e disposição para inaugurar olhares, inventar novas lentes, ativar outras sinapses e construir saídas. O que já sabemos, comumente, nos acalma, e seus elementos são como as migalhas de pão que deixamos num caminho incerto para conseguir voltar para casa.

Se por um lado é assim, por outro é na fonte da novidade que a fantasia criativa se banha. Com as águas do impossível correndo caudalosamente em nossa direção, inventamos tudo na nossa vida humana: poemas, antibióticos, foguetes, canções. As nossas transformações, individuais e coletivas, são um tipo de crise, embora nem todas as nossas crises nos levem a transformar as velhas formas do viver. O que faculta às crises o poder das reviravoltas é nosso modo de viver dentro delas. Disso depende que a travessia de uma crise seja transformadora ou apenas uma turbulência sem grandes transmutações da realidade que lhe circunscreve. Portanto, para que o chavão de que toda crise é uma espécie de embrião das oportunidades se concretize, depende muito de como podemos viver a sua experiência no meio do seu turbilhão.

Contraditoriamente, somos irmanados ao seguro e amantes do improvável. Somos afeitos ao que se repete, mas precisamos do novo para acender o fogo da invenção.

> Somos irmanados ao seguro e amantes do improvável.

É quando essa chama devora tudo, ardendo e dançando, que podemos dar novo sentido ao nosso existir, desenhar outros rascunhos e refazer aquilo que nunca foi feito. A imaginação como reino da possibilidade se faz na instabilidade, no voo às cegas, no mergulho em um despenhadeiro sem saber ao certo o que nos espera lá embaixo. Tudo que é novo emerge do desequilíbrio e devemos a ele as nossas melhores capacidades de aprendizado.

Mesmo assim, diante desse cenário em que corriqueiramente nos sentimos perdidos, por vezes tentamos – ingênua e inutilmente – frear a correnteza sem paragem. Por isso, muitas vezes, nos lançamos na armadilha do saudosismo, uma fixação em tudo que está no pretérito da vida e uma dificuldade de olhar para o lusco-fusco do agora.

Quando atravessamos um rio de águas bravias e forte tensão de correnteza, nadar contra sua força é um desgaste sem fim. Empenhamos todo nosso vigor tentando vencer, com braçadas de onipotência ingênua, o que se revela invencível. Mais sábio seria, talvez, aprender um tipo de travessia que, embora mais longa, se fizesse a favor da força das águas, lançando nosso corpo e toda a nossa história no seu ritmo de rumos desconhecidos. Com crítica e coragem, vamos flutuando com a tensão necessária para fazermos riscar na água a nossa trajetória, conciliando-a com uma suavidade que seja suficiente para usarmos a corrente a favor do novo percurso.

O sociólogo polonês Zygmunt Bauman fala da "retrotopia", ou seja, uma utopia do passado.[10] Para o autor, diante do esfacelamento da crença de uma felicidade possível num futuro ideal, nos restou enaltecer, por vezes de forma míope, modos de viver e práticas sociais advindas do passado. Poderíamos pensar anedoticamente a retrotopia como uma maquiagem feita nas faces do passado, um tipo de distorção da percepção da realidade que tende a enaltecer dimensões da vida que ficaram para trás como aquilo que teria o poder de resolver os problemas de agora, ou como algo sempre melhor do que aquilo que está posto em marcha implacável nos trilhos do atual.

Atravessados por um presente difícil de engolir e sem um porvir possível como antídoto de nossa moléstia, ficamos imaginando coisas em fragmentos do passado como se lá tudo fosse um pouco mais viável. Em *A cinza das horas*, Manuel Bandeira colocava o presente como algo funesto, doloroso, desértico e fazia repousar todo o fulgor da vida no passado, nos tempos idos, nas cinzas do que já foi vivido.[11] Fazemos isso quando a realidade do presente se revela distorcida ou dolorosa demais. Era o caso do poeta que, doente, somente via beleza no passado; é o caso de nossa gente que, diante de tanta incerteza e liquidez, não sabe onde pisar mesmo estando com os pés fincados no chão.

Perplexos, incrédulos, cansados ou excitados diante do terreno movediço sobre o qual caminhamos – e que a contemporaneidade insiste em nos oferecer –, vamos cedendo à tentação de elogiar o passado mediante uma utopia nele debruçada. Fazemos isso numa espécie de defesa, como um escape, como um respiro diante desse tsunami de realidade mutante que inunda nossas horas, da qual somos, ao mesmo tempo, a eira e a beira.

Em 1516, o filósofo e escritor inglês Thomas More escreveu a utopia como um lugar que não existe, um não-lugar, e esse conceito se desdobrou.[12] Ao longo do tempo, foi se tornando sinônimo de algo que não se materializa, não se realiza, saltando da ilha mítica idealizada para aquilo que ninguém alcança.

Rodopiando arisca lá no horizonte, inalcançável, a utopia sempre escapa e nos obriga ao movimento, serve para nos fazer caminhar, como diria Eduardo Galeano.[13] A retrotopia, por sua vez, promove uma torção e nos leva a mergulhar de cabeça na desconfiança sobre o futuro e na mitificação do passado.

Assim, recortamos aspectos dessa realidade de outrora e os replicamos de forma inverossímil, mas momentaneamente cômoda, buscando tentar não se afogar na maré das dúvidas e abraçando apenas um pedaço fino de papelão. Buscamos, assim, um mínimo de apaziguamento. A retrotopia tenta operar uma sedação da angústia diante do presente multifacetado e da incerteza colada ao futuro.

Não nos faltam exemplos. Mesmo estando em pleno século XXI, ainda há quem reverencie o tempo em que pais, apenas com um olhar enviesado, expressando sua inequívoca desaprovação, fariam os filhos, tementes à sua força, fazerem xixi nas calças. Há quem creia que regimes autoritários são a salvação e a melhor forma de colocar alguma ordem nas coisas. Há quem defenda que as mulheres não trabalhem fora de casa, pois o contrário seria o fim dos alicerces sólidos das famílias e, por conseguinte, de toda a sociedade. Discursos que, embora anacrônicos, ganham força em tempos de desespero e dúvida sobre a vida.

Certa feita uma criança me disse que as crianças que brincaram com bolinhas de gudes eram mais crianças do que as de hoje em dia. Lembro que, ao final de uma palestra que dei numa escola, um senhor de meia-idade, me disse sentir saudade de um tempo em que abrir a porta do carro para que uma mulher entrasse era garboso e gentil, e não machista. Um adolescente de 16 anos profetizou, há alguns anos, que a verdadeira música somente seria percebida em todo seu esplendor quando se ouvisse o chiado da agulha de uma vitrola ao tocar um disco de vinil. Há ainda o exemplo de uma senhora octogenária que me contou sobre sentir falta de um tempo em que se acreditava nos mais velhos de forma inconteste. Dizia ter crescido confiando que misturar manga com leite podia ser fatal, sem nunca se questionar sobre a veracidade disso, completando que tinha a impressão de que hoje paira a nuvem densa da dúvida sobre todas as coisas. Como se pode ver, parece que a retrotopia não é uma prerrogativa dessa ou daquela faixa etária.

Na retrotopia nada tem apenas uma variável do tipo causa-efeito, há uma inumerável trama de alinhavos simbólicos que tecem sua emersão e que raramente conseguimos desfiar todas elas. A nostalgia que nos defende da angústia diante da névoa espessa que paira sobre nosso horizonte nos cobra também um preço, tanto social quanto subjetivamente, desde quando elogiamos práticas e ideais que, muitas vezes, já sabemos como se desdobram.

A retrotopia se revela um tanto reducionista, tentando emprestar saídas simplistas e, por isso mesmo, dissonantes da trama de complexidade que sustenta a emersão dos temas e dos dilemas que nos são mais atuais.

Rever nossa relação com o passado, sem idealizá-lo, parece urgente na construção de um novo hoje. Nem tudo do passado é bom e, por isso, há coisas que merecem ser superadas. Nem tudo do passado é ruim e, por isso, não necessita ser abandonado.

Quando nossa única forma de eternizar o tempo numa imagem provinha das máquinas fotográficas analógicas, havia um esmero na preparação do cenário, da melhor pose, dos cabelos penteados, da melhor luz. Havia planejamento, ritualística e valorização do recurso que era escasso: doze, vinte e quatro ou trinta e seis poses em cada filme. Para cada pose, uma oportunidade quase única de acertar. Essa experiência nos ensinava a lidar com o tempo, pois se esperava muito para vermos o resultado. Também nos ensinava a lidar com a frustração, pois não havia filtros para os fatídicos olhos vermelhos: aquela memória levaria essa marca, esse defeito, cabia a nós lidarmos com isso, para sempre. Aprendíamos ainda a lidar com as marcas indeléveis da nossa biografia. Após o término de um romance, era comum recortar uma fotografia excluindo o antigo par da imagem, numa espécie de cancelamento pré-jurássico. A diferença é que para sempre ao olharmos a tal fotografia haveria nela uma cicatriz que não nos permitia esquecer por completo aquilo que foi vivido.

Obviamente, diante dessas constatações não prefiro, em arroubos de nostalgia, usar máquinas analógicas no lugar dos *smartphones* para minhas fotos no dia a dia. Entretanto, compreendo que esses novos recursos nos apresentam contornos específicos para as experiências, que por um lado são mais práticos e eficientes, mas por outro lado, por diversos motivos, são piores por atrofiarem algumas competências e dimensões da vida que ainda nos são caras e necessárias.

Em tempos de incerteza, em que o desmedido é quase o absoluto, nos deparamos com uma grande angústia, que diferentemente do medo não se corporifica em algo palpável, mesmo no plano das ideias. Temos uma sensação difusa de desconforto, de desajeito, um tipo de mal-estar daqueles em que a vista está enuviada diante de uma tempestade, sem cartografia, estrelas guia ou GPS.

Diante da imensa dificuldade em compreender o que ocorre em nossa vida no gerúndio do presente, assim como de compreender quais as variáveis que operam nela essas incontáveis transformações, somos impelidos à necessidade de nos adaptarmos ao novo a todo momento. Fazemos isso sem perceber onde está o fim da linha, produzindo inexoravelmente algum estresse diante da contemporaneidade, já que a necessidade de adaptação constante é a sua regra número um.

Dessa forma, estamos diante de uma espécie de dilema. Temos que a todo tempo fazer uma escolha sobre como vamos nos posicionar diante desse nosso tempo mutante e arisco: somos impelidos ou a invenção com saída ou a vidrar os olhos, cegamente, naquilo que aparece cintilando no espelho retrovisor do nosso existir.

A vida no *loop* da montanha-russa

O que está acontecendo?
O mundo está ao contrário e ninguém reparou
"Relicário", de Nando Reis

Viver os dias de hoje, muitas vezes, é como estar no *loop* da montanha-russa: apertem os cintos, pois a promessa é ficar de cabeça para baixo e viver grandes sacolejos. É o historiador brasileiro Nicolau Sevcenko que usa essa imagem para falar do impacto da chegada do século XXI na nossa vida.[14] Segundo ele, a primeira fase da montanha-russa é tranquila, ascendente, estamos de boa, subindo, subindo e subindo, "achando o máximo ver primeiro o parque, depois o bairro, depois a cidade toda de uma perspectiva superior, dominante". De repente, como num clique a loucura mais excelsa se anuncia: "o mundo desaba e leva a gente de cambulhada". Tudo é tão intenso que mal conseguimos pensar ou sentir, "nos transformamos numa massa energética em espasmo crítico", somos ali a encarnação da "síndrome viva de vertigem e pavor". Estamos em queda. Mas tudo pode ficar ainda mais intenso e, para isso, temos a terceira fase. No *loop* estamos no "clímax da aceleração precipitada". Nesse momento não conseguimos distinguir imagens, realidades, perspectivas: tudo sacode, se mistura e se modifica ultravelozmente.

Aquilo que hoje é verdade amanhã caducou. Aquilo que faz bem ao nosso corpo em algumas horas pode ser considerado um veneno e diminuir nossa expectativa de viver por mais tempo. Aquilo que se configura como certo e seguro passa a ser a contramão. O tempo presente é uma espécie de camaleão ansioso, que vive apressado em mudar suas feições coloridas, tal qual o *slogan* de uma emissora de rádio brasileira que diz que em vinte minutos tudo pode mudar. E, de fato, muda.

> O tempo presente é uma espécie de camaleão ansioso: vive apressado em mudar suas feições.

Nascemos, morremos, amamos, criamos nossas filhas e nossos filhos, aprendemos, compramos, nos relacionamos, cuidamos de nossa saúde, viajamos, envelhecemos, comemos, nos comunicamos, trabalhamos de um modo significativamente distinto daquele que figurava como legítimo há trinta, quarenta ou cinquenta anos.

A filósofa brasileira Marilena Chaui, em entrevista a um programa de televisão, se referindo às mudanças atuais a partir do advento da tecnologia digital, disse que não vivemos uma modificação e, sim, uma "mutação civilizacional" sem precedentes. E sentencia: "O mundo é outra coisa".[15]

Em muito pouco tempo histórico, nos convertemos em testemunhas oculares de uma mudança de paradigma inédita e assustadora, inusitada e incrível, poderosa e, de certa forma, mágica. Numa mistura de *art nouveau* com ficção científica, de positivismo com neotribalismo, de manufatura com larga escala, o tempo do agora nos deixa um tanto boquiabertos e com alguma dificuldade em perceber nele, de fato, aquilo que nos ameaça e aquilo que nos conforta.

Até bem pouco tempo atrás fazíamos uma coisa de cada vez e objetivávamos chegar a algum lugar, onde passaríamos muito tempo. Pensemos nos relacionamentos: primeiro cortejar, depois namorar, em seguida noivar para, então, casar e depois ter filhos, tudo isso com um "para sempre" costurado a nossa história. No campo do trabalho, o sonho de um jovem de classe média era ingressar em uma prestigiosa, estável e confiável empresa, num cargo inicial e ir galgando postos na verticalidade das hierarquias até atingir, trinta anos depois, um cargo alto, no qual lhe esperavam o poder, o comando e um bom dinheiro.

Na educação, não foi diferente. Vamos lembrar uma conversa entre Charlie Brown e Linus, personagens da turma do Snoopy. Aflito com a iminência de ser reprovado e precisando tirar um A em artes, Charlie Brown desabafa suas tensões e questiona qual seria o objetivo da educação. Linus então lhe explica que o propósito da educação é estudar muito para passar de ano, seguir fazendo isso para passar de ciclo, continuar fazendo o mesmo para entrar na faculdade e, uma vez lá, estudar, se formar e progredir para arranjar um bom emprego, daí aumentam as probabilidades de conseguir um relacionamento, que terá como consequência filhos que, quando tiverem 6 anos, vão à escola para recomeçar todo o ciclo.

Nada disso faz mais sentido na atualidade. Pessoas se relacionam de uma maneira distinta e as famílias hoje se mostram de inúmeras formas; sabemos que boa parte das profissões que serão alvo da escolha das gerações vindouras ainda não foi sequer inventada; a educação está se vendo obrigada à reinvenção, conciliando tradições e inovações diante do que ocorre nos seus extramuros. Vivemos na era do tudo-ao-mesmo-tempo-agora, horizontalizamos nossa identidade e a colocamos em rede, vivemos papéis diversos, sempre cambiantes e simultâneos que coexistem sem maiores dificuldades.

Não raro podemos encontrar em muitas famílias que gozam de algum conforto financeiro um adulto de uns 40 anos que ainda vive na casa dos pais, embora trabalhe e ganhe algum dinheiro, ainda há nele traços de uma posição e do funcionamento adolescente. Talvez ele tenha filhos de relacionamentos diversos, que por sua vez vivem com as mães, que comumente ainda moram na casa dos próprios pais. Esse jovem quarentão é pai, filho, trabalhador, adulto de meia-idade, adolescente, tudo ao mesmo tempo. O critério etário não dá mais conta de definir as ditas fases da vida.

No cerne do paradoxo e com os eixos de identidade horizontalizados e em rede, estamos mais livres, embora tenhamos que arquitetar, nós mesmos, novas referências universais, novas margens particulares e nossos contornos singulares. Nosso funcionamento atual é terreno fértil para um infinito de novidades e possibilidades, mas dá um trabalhão ter que construir todos os nossos contornos simbólicos com as próprias mãos.

Para as pessoas do século XXI, percursos são importantes e chegadas também. Lidamos mal com sacrifícios em nome de algo maior, em especial se estiver lá bem distante, mas estamos um tanto mais livres do rigor gélido do padronizável. Algumas vantagens: maior sensação de liberdade, menos convencionalismo, mais pluralidade para inventividades. Alguns riscos: incerteza, ansiedade, insegurança e uma necessidade de adaptação que nunca pisa no freio.

Vivemos dentro de parênteses simbólicos, pois, como diria o psicanalista francês Jean-Pierre Lebrun, "ninguém contestará que nosso social está, atualmente, profundamente modificado; sua evolução se dá de modo tão rápido que com frequência nos sentimos impotentes quanto a identificar as articulações de onde procedem todas as mudanças a que assistimos".[16] No hiato entre o presente que agoniza e o novo tempo que ainda não se estabeleceu, vamos desenhando no ar a nossa existência, individual e coletivamente. Com os pés inseguros postos sobre o fio teso da corda bamba, seguimos nos equilibrando como podemos, conjugando risco e temor com ousadia e beleza.

Somos uma geração que, numa mesma vida, viu reviravoltas abundantes e francamente radicais no nosso tecido social, na nossa cultura, nos nossos modos de existência humana e na nossa subjetividade. Em uma mesma biografia experimentamos o totalmente analógico e o irrevogavelmente digital. Nós colocamos uma ficha metálica redonda num orelhão antes de discar uma sequência de números e também ficamos agoniados diante de uma mensagem visualizada e não respondida lá no famoso aplicativo de mensagens. Compramos um quebra-queixo com um vale-transporte feito de papel antes de subir no ônibus e também andamos em carros que se movimentam sem motoristas. Somos o mimeógrafo e a holografia. Somos uma mistura dos *Flintstones* com os *Jetsons*.

Passamos de cruzar cheques por medida de segurança a pagar via Pix. Passamos de trocar papéis de carta perfumados a testemunhar a quase obsolescência do e-mail. Numa mesma vida, usamos tampa de caneta para rebobinar fita cassete, fizemos festas com discos de vinil, usamos *walkmans*, conhecemos o CD, vimos nascer e morrer o iPod e hoje ouvimos música nos aplicativos de um *smartphone*. Fizemos curso de datilografia e lidamos com a inteligência artificial. Ou seja, alguma coisa está fora da ordem para nós, "tudo parece que era ainda construção, mas já é ruína" como diz Caetano, a partir de Lévi-Strauss.

Somos uma geração que, de forma inédita, conjuga o cuidado com os pais idosos cada vez mais longevos e o cuidado com os filhos que tivemos mais tarde, ao mesmo tempo que cuidamos da saúde do corpo para envelhecermos mais e melhor, sem descuidarmos das nossas atividades de trabalho que estão se desenvolvendo a pleno vapor. Para além disso tudo, ainda buscamos prazer, lazer, alegrias e a tal felicidade sem fim.

Estamos espremidos por uma profusão de demandas no desenho de uma vida plausível no umbigo do século XXI. Com tudo que é palpável revirando a cada segundo, perdemos a materialidade das certezas. Tudo bem, não vamos mesmo escapar dessa realidade. Façamos então as pazes com fato de que viver a atualidade é achar um jeito possível de produzir arranjos sobre a eterna novidade.

A impermanência de uma bolha de sabão

O asfalto, a ponte, o viaduto
Ganindo pra lua
Nada continua
"Fora de ordem", de Caetano Veloso

Existir num tempo em que não há qualquer previsão possível sobre o futuro que seja minimamente crível ou fundamentada e que não tropece em adivinhação ou alarde catastrófico, nos lança num encontro marcado – e que parece sem fim – com a nossa impermanência. Ocorre que dessa vez ela está elevada à enésima potência.

Vivemos como bolhas de sabão flanando no ar de um fim de tarde, às vezes com a inocência infantil de quem enche os pulmões e empresta o ar para que as bolhas de sabão existam, às vezes com os olhos estarrecidos diante da brevidade de sua incerta trajetória e do fato de constatarmos que estamos desamparados, sem conseguir sequer compreender o motivo das bolhinhas translúcidas se desfazerem, num estalar de dedos, no vazio do ar.

Se, por um lado, a transitoriedade é um convite a observar o belo que há no efêmero, um elogio do viver intensamente, por outro, ela nos afronta com uma espécie de morte simbólica todo dia, que muitas vezes tentamos esquecer para conseguir fazer planos, imaginar a vida futura e, de algum modo, amar a sempre incompleta segurança de acreditar num porvir plausível.

Para novos contextos, há que se engendrar novas atitudes pois, como escreveu o poeta norte-americano Ralph Waldo Emerson, "quando se patina em gelo liso a segurança está na velocidade".[17] Viver trocando o pneu com o carro andando exige lidar com a velocidade, com a capacidade de adaptação e com uma certa dose de criatividade, sob pena de sermos atropelados pela esmagadora sensação de impotência de não poder manejar, minimamente, a nossa própria história.

Em 1596, o artista italiano Caravaggio pintou o *Cesto de frutas*, emprestando à pintura de natureza o rigor formal e estético dos retratos de figuras humanas. Na obra aparentemente o que se vê é um simples cesto de frutas. Observando com atenção, podemos ver algumas frutas fenecendo, algumas folhas sem viço, tratando metaforicamente da efemeridade e da necessidade de sorver as frutas – e a vida – enquanto se faz possível, pois num piscar de olhos o tempo passa e a mudança arromba as portas do nosso existir. Para agregar algo mais a essa dimensão, vemos que o cesto está posto sobre uma bancada com uma parte pendendo para fora, indicando, como diz a música, que "no balanço das horas tudo pode mudar" e virar de ponta-cabeça.

O olhar atento solicitado em 1596 nos convida a observar a necessidade de fitar a atualidade com o estarrecimento que é próprio de quando estamos diante do inédito, mas com alguma beleza e, preferencialmente, juntos. Estamos como o menino que nunca viu o mar no livro do escritor e jornalista uruguaio Eduardo Galeano: "Diego não conhecia o mar. O pai, Santiago Kovadloff, levou-o para que descobrisse o mar. Viajaram para o Sul. Ele, o mar, estava do outro lado das dunas altas, esperando. Quando o menino e o pai enfim alcançaram aquelas alturas de areia, depois de muito caminhar, o mar estava na frente de seus olhos. E foi tanta a imensidão do mar, e tanto fulgor, que o menino ficou mudo de beleza. E quando finalmente conseguiu falar, tremendo, gaguejando, pediu ao pai: me ajuda a olhar!".[18]

Precisamos de ajuda para olhar o nosso tempo. Precisamos dar os braços à cautela para não sermos catastrofistas do presente. Precisamos de poesia para entender e sentir o inexplicável. Precisamos das narrativas, pois o tempo exige-nos invenção e palavras. Precisamos de coletivos para atravessarmos juntos esse cenário do eternamente novo.

Viver na insegurança da iminência da vertigem, da ruptura, da implosão das certezas produz condições que merecem atenção, desde quando nos lançam na tensão pendular entre liberdade e segurança. Bauman nos mostra que, se na década de 1920 se pensou na troca da liberdade pela segurança, atualmente trocamos a segurança pela liberdade.[19] Vivemos num "mundo perturbado e conturbado, diante do qual nossos instrumentos interpretativos ficam bem aquém da agudeza e rapidez dos acontecimentos", como nos apontou o psicanalista e professor brasileiro Joel Birman.[20] Nunca haverá para pesquisadores e pesquisadoras sobre o tema um equilíbrio entre essas dimensões, e a busca de um ponto ótimo nessa gangorra em movimento segue sendo uma grande questão humana da atualidade.

Estamos tão livres para escolher dentre o inumerável elenco de possibilidades na nossa sociedade de consumo que ficamos atormentados pela sociedade da decepção do filósofo francês Gilles Lipovetsky e pelo paradoxo da escolha do psicólogo norte-americano Barry Schwartz.[21] Estamos tão presos à melhor opção que maximize nossa satisfação, que ficamos cada vez mais paralisados e decepcionados, diante das infinitas possibilidades daquilo que imaginamos ser a nossa própria escolha. Afinal, como disse o psicanalista italiano Contardo Calligaris "a liberdade de escolher entre ofertas que estão nos cardápios é, por sua vez, uma deformação da verdadeira liberdade – a de inventar" e de imaginar auroras inéditas diante de nossa vista cansada.[22]

Renunciar à crença no futuro é, em alguma medida, colocar o grilhão do presente preso ao tornozelo, o que Lipovetsky nomeou como uma fixação no aqui-agora. Desde o final do século passado, o cenário social se via olhando a vida por cima dos ombros. Estávamos diante do tempo das retrospectivas, que seria colocar nosso ponto de vista na direção do passado. Entretanto havia, ainda naquele momento, um apego ao possível do progresso, uma certa crença na promessa de futuro. Já nas últimas décadas, esse enlace de possibilidade na alma humana foi ficando frouxo, sem a tensão sólida necessária para nos sentirmos acolhidos, acarinhados, esperançosos. Temos uma dificuldade de olhar o longe, ora fixados no instante presente, ora saudosistas do tempo que passou.

O olhar distante e que pode encontrar o outro quando se mostra atrofiado tende a se voltar para nós mesmos, de forma tal que enaltecemos o individual frente ao coletivo. Hoje precisamos encarnar o agora com o semblante da excelência individual, sob pena do castigo de não sermos vistos, de não termos o reconhecimento de uma coletividade – ponto cego de qualquer projeto plausível de saúde mental.

Vivemos o tempo da positividade excessiva que, por vezes, se faz tóxica. Tudo tem que ser belo, bom, equilibrado e tudo sempre depende de nós. Seu êxito e fracasso, suas alegrias e tristezas, seu sucesso e sua derrocada, suas conquistas e seus equívocos não lhe habitam

Vivemos o tempo da positividade excessiva que, por vezes, se faz tóxica.

por força de um contexto coletivo, histórico e plural. Tudo depende de você. Por exemplo, suas marcas e rugas de expressão estão ali aderidas a sua face, numa nova versão do pecado, não por serem testemunhas de sua experiência e da certeza de sua longa vida, mas sim por incompetência, fraqueza ou falta de força de vontade.

Trocamos a disciplina pelo desempenho, como aponta o filósofo sul-coreano Byung-Chul Han, ou a nova disciplina se travestiu de uma cobrança implacável de performance que deve sempre ser publicável.[23] Falhar, cindir, envelhecer, tropeçar, sofrer, recolher-se: tudo isso pega muito mal em tempos de espetacularização da vida e do domínio da imagem.

Vivemos o autocentramento. Estamos tão convocados a voltarmo-nos a nós mesmos que perdemos a oportunidade de olhar para os lados, de olhar para os outros, de viver as comunidades. Estamos quase soltando as mãos uns dos outros, para ficarmos seduzidos pelo nosso próprio umbigo. Tememos os vizinhos, de quem não sabemos sequer o nome. Fechamos os vidros dos automóveis aos perigos dos semáforos das grandes cidades. Fazemos dos condomínios – os reais e os simbólicos – a morada dos nossos afetos, para silenciar o estrondo da divergência, por temer o outro e seus diferentes modos de existência, por tentar criar muros que nos separem do estorvo da diversidade.

Seduzidos por nossa imagem e semelhança, podemos acabar por silenciar os discursos da alteridade e, assim, conversamos cada vez menos com quem pensa diferente de nós. Isso nos coloca, muitas vezes, na beira do abismo de empobrecimento do campo simbólico. Os algoritmos são exemplos hiperdimensionados dessa realidade. Eles se encarregam de nos fornecer sempre mais do mesmo, mantendo-nos dentro de nossas bolhas, como nos lembrou o ensaísta brasileiro Francisco Bosco aludindo ao conceito freudiano de ilusão, em que está "a interpretação da realidade orientada pelo desejo, mesmo que a contrapelo das evidências empíricas ou da força dos argumentos".[24] Tudo isso exigindo de nós esforço consciente para sairmos do círculo perfeito da inalterabilidade.

Estamos diante de um tipo de cegueira que nos impede de mirar o futuro, a menos que façamos isso coletivamente. Isso implica em fazer a palavra circular aos quatro cantos, suportar ver as verdades se transformarem bem diante de nossos olhos e achar bonito a instância da dúvida saltitando nas nossas esquinas psíquicas.

O convite que nosso laço social insiste em nos endereçar é o de cerrarmos nosso olhar ao divergente em troca de uma suposta tranquilidade estável. A cambalhota possível a ser dada nessa lógica é tentarmos, cada um de nós – ou melhor ainda, juntos –, a árdua tarefa de esfregar os olhos diante da luz que nos ofusca quando as cortinas se abrem num solavanco, depois de estarmos por um longo tempo no conforto da penumbra. Arde, mas revela caminhos. Dói, mas de alguma maneira nos aproxima. Nosso melhor jeito de existir ainda é pelo diálogo, com todas as suas imperfeições e fraturas.

Nossa diversidade é a semente que nos une para fazer brotar da esperança um ato. Esperançar, tal qual pensou o educador brasileiro Paulo Freire é sempre uma ação.[25] Esperançar é construir: um tipo de verbo conjugado sempre coletivamente, pois somos feitos do outro. Esperançar o futuro é, por isso, enlaçar os braços, fazer os sonhos se encontrarem, suportar o diverso. Esperançar o futuro é um ato de coragem, portanto algo que se faz primeiro com a força do coração. Esperançar é ação e afeto, amor e política, força e ternura. Esperançar é um tipo de ação que lastra no hoje os melhores percursos do amanhã. Afinal de contas, "a vida é assim: esquenta e esfria, aperta e daí afrouxa, sossega e depois desinquieta. O que ela quer da gente é coragem", como bem disse o escritor brasileiro Guimarães Rosa. Construir faróis de esperança hoje é se colocar no contrafluxo da desilusão trivial, é a gente ir "aprendendo a ser capaz de ficar alegre a mais, no meio da alegria, e inda mais alegre ainda no meio da tristeza! Só assim de repente, na horinha que se quer, de propósito – por coragem".[26] Esperançar hoje parece tão necessário quanto difícil.

Não se trata, entretanto, de uma construção simples, já que o que foi outrora verdade se dissolveu, se liquefez em tal medida que não conseguimos avistar os elementos separadamente dentro do misturado fluido de imagens que parecem valer mais que a verdade. Todo o estrutural que serviria como instrumento para lidarmos com a nossa precariedade do existir, levantando nossas pontes simbólicas, ficou menos útil, meio fora de moda e um tanto opaco. Fica cada vez mais evidente que as "condições de ação e as estratégias de reação envelhecem rapidamente e se tornam obsoletas antes de os atores terem uma chance de aprendê-las efetivamente", como nos apontou Bauman.[27] Os desafios da vida, individual e coletiva, ganharam contornos que não encontram mais no presente e no passado insumos para imaginar um futuro. Estamos sendo constantemente convidados a ladear a desilusão. Por isso, é preciso decidir andar pelo outro lado da calçada dos desenganos.

Faltam-nos condições de facilmente mergulhar em sonhos, quimeras, apostas e devaneios, como também nos falta capacidade de planejar, de articular recursos para um objetivo que está mais além, ou a competência de saber postergar a gratificação que precisa ser sempre imediata. Vivemos hoje um tanto emparedados entre processos tão sólidos quanto etéreos, tão lúcidos quanto alienados, tão óbvios quando ocultos.

Viver a atualidade é lidar com paradoxos. De modo superlativo, nossa cultura atual faz opostos coexistirem como se fosse a ordem do dia, cabendo aos sujeitos desse tempo dar conta de encontrar seu caminho no espaço entre polos que, uma vez que estão liquefeitos, podem perfeitamente misturar chicletes com banana. Como afirma Lipovetsky, "somos complexos: queremos compromisso e independência ao mesmo tempo".[28]

Somos uma sociedade hedonista, mas não estamos mais felizes. Somos obcecados por saúde, mas não estamos vivendo lá muito bem. Estamos hiperconectados e, frequentemente, nos sentimos mais solitários. Elogiamos a produtividade a qualquer custo para ter uma vida melhor e estamos exaustos, até nos incendiarmos no *burnout*. Aqueles cuja vida se encontra assentada em privilégios podem até ter um carro capaz de atingir a velocidade de 250 quilômetros por hora, mas, nas grandes cidades, chegaríamos mais rápido a um compromisso montados num simples cavalo.

Frente às nossas incongruências, tratamos de dissolver em definitivo as fronteiras entre o mundo do trabalho e a vida pessoal, entre a vida privada e a experiência pública e, com isso, não paramos nunca de trabalhar. A primeira coisa que fazemos ao acordar é a mesma que fizemos antes de dormir na noite anterior: verificar o *smartphone*. Com ele nos distraímos, pagamos contas, ficamos absortos em bobagens, ao mesmo tempo que respondemos mensagens, fechamos um novo trabalho, alimentamos uma planilha, aprendemos um novo idioma.

A continuidade da produtividade no tempo e a aceleração são ingredientes de um tipo de vida na qual, estranhamente, apequenamos o presente, por vezes amando um passado idealizado, e desacreditamos um futuro plausível. O filósofo Byung-Chul Han afirma que, na atualidade, tudo que está ligado ao tempo envelhece muito mais rapidamente do que antes. Para ele, "o presente se reduz à ponta da atualidade",[29] restando ao mundo a perda da duração. Isso não se explicaria apenas pela aceleração, mas especialmente pela falta de conclusão das coisas. Vivemos o tempo do sem-fim em que, paradoxalmente, tudo finda muito rápido e parece que não acaba nunca.

O tempo do relaxamento, da alegria, da celebração ou do ócio se convertem em formas de azeitar a produtividade, recarregando as baterias para performar mais e melhor. A atualidade aprisiona o tempo ao trabalho. Na nossa cultura atual, o tempo se converte em refém da lógica produtiva. Para o mesmo autor, "a pausa não marca, como pausa do trabalho, um outro tempo. Ela é apenas uma fase do tempo de trabalho". Fazendo isso, rompemos com a dimensão do que o autor nomeou de "tempo da festa". Algo sagrado, necessário, simbólico, encantado e que serve para nos humanizarmos, para nos religarmos a nós mesmos, individual e coletivamente. Algo que serve à transcendência. O tempo da festa é a consagração da beleza, da divagação e do encontro. Trata-se de um tempo de nada produzir, um tempo de sentir, um tempo para ser.

Nesse novo jeito contemporâneo de viver, tudo se mistura e se estica a tal ponto que não paramos nunca de produzir, nem mesmo em feriados ou fins de semana, festas de família ou viagens de lazer. Ainda por cima, muitas vezes, temos a falsa sensação de que fazemos isso de forma mais divertida, distraída e suave. Falta-nos tempo para contemplação da vida. Estamos cada dia mais pragmáticos diante da falta de um horizonte por sobre onde nossa mirada repouse frente a dor, perante uma dúvida, quando nos invadem as agonias que são tão humanas. Temos pouco tempo para nos dedicarmos ao lado da nossa humanidade desde onde emergem os "produtos" que são intangíveis.

Somos a todo tempo convocados para o célere, a pressa, a urgência e a superfície. Ouvimos mensagens de áudio na velocidade 2x, comemos enquanto digitamos um e-mail, dirigimos falando ao celular, aproveitamos o tempo na esteira da academia para ouvir um *podcast* e aprender mais, colocamos nossos filhos para dormir lendo um relatório. Fazer uma única ação por vez se converte em uma grave falha produtiva para a nossa atualidade. Parece que tentamos funcionar não apenas como máquinas, mas como supermáquinas.

Além de multitarefas também alimentamos a ideia de que tudo deve ser célere, afinal de contas tempo é dinheiro. Na contramão desse pensamento, o jornalista canadense Carl Honoré, por exemplo, defende o movimento *slow*.[30] Sua ideia não é fazer as coisas vagarosamente, mas sim demonstrar que nem tudo que é feito rápido é necessariamente melhor, inclusive sob a lógica econômica. Estar inteiro no que fazemos – recusando os inumeráveis convites à distração que atualidade nos faz – e dedicarmos o tempo que cada coisa precisa para ser bem vivida e ser realizada a contento é um dos emblemas da lógica *slow*. O difícil, mais uma vez, é que achar os meios de fazer freios ao fluxo sem fim de ações, exigências e informações que a atualidade nos apresenta como solução, e não como obstáculo, só depende de nós. Temos que filtrar tudo isso sozinhos.

Na direção oposta, escuto jovens que, acostumados ao fluxo frenético das sobreposições de atenção e de ação, se queixarem da angústia de não ter o que fazer no tempo livre. Amedrontados diante da quietude silenciosa das horas, alguns deles empenham forte energia em ocupar qualquer tempo livre, temendo o ócio, o tédio e o vazio. É como se todo o tempo devesse ser consumido com algo a fazer, algo a se ocupar, algo a se preencher. Ocupar os espaços, preencher os vazios e fazer isso cada vez mais são a base da lógica do consumo, quando através dos objetos tentamos tamponar a nossa lacuna subjetiva.

Olhamos para os lados e nos encontramos emaranhados no discurso do consumo, para o qual tudo tem que ficar obsoleto antes mesmo de ter efetivamente acontecido. Estamos, assim, constantemente envolvidos pela fugacidade, pois é ela quem dá o tom das experiências. Ser já não é nascer, como na antiguidade, ou mesmo o ter da modernidade; na atualidade, ser é consumir. Vivemos a máxima: "consumo, logo existo".

Na lógica do consumo, enaltecermos a exterioridade é quase uma obrigação, pois é ela que empresta movimento às suas inquietas engrenagens. Vamos a um restaurante apressados, engolimos a comida para voltar ao trabalho, mas não sem antes fazer uma *selfie* junto ao prato e postar numa rede social. A experiência sem registro numa imagem é quase como se não tivesse existido. É preciso, para além de viver, transformar o registro da vivência num objeto consumível da nossa própria vida.

Tudo isso nos põe, definitivamente, diante de uma nova relação com o tempo e com as nossas vivências dentro dele. Temos medo de perder tempo, tememos o passar do tempo, temos receio de não dar tempo e estamos quase sempre em dívida com o tempo. Quem nunca empilhou livros que nunca leu, ou não conseguiu responder a todas às mensagens de texto no celular, ou teve taquicardia ao olhar sua agenda do dia lotada de afazeres? Quem nunca teve a sensação de não saber se chegará a algum lugar no meio de um trânsito caótico, perdeu o prazo de pagar uma conta, precisou estar em dois lugares ao mesmo tempo, ou chorou para dentro diante do fato de não conseguir conjugar com excelência saúde, família, trabalho e lazer?

De alguma forma, o Saturno pintado pelo artista espanhol Francisco de Goya nos idos de 1823 conversa com essa nossa tensão contemporânea. Na obra, com uma imagem muito estarrecedora de atmosfera sombria, há um ser velho de feições monstruosas devorando um corpo adulto que seria o do próprio filho. Cronos (ou Saturno, na mitologia romana), o deus do tempo, faz ali uma simbologia devastadora do monstruoso passar do tempo e do insuportável da relação humana com o tempo, essa entidade inquieta e desconcertante. Na atualidade, não raro, ouvimos pessoas se dizendo engolidas pelo tempo, aprisionadas em sua celeridade e reféns exaustas dos seus efeitos. "O tempo é escasso e se torna um problema", alertou Lipovetsky.[31]

Estamos diante de uma nova dança das cadeiras. Lembram daquela brincadeira infantil na qual sempre havia mais crianças do que cadeiras? Tocava-se uma música e todos se punham a girar numa ciranda competitiva em torno dos assentos que viravam ali tesouro, meta, objetivo, e, por vezes, segurança ou salvação. Ao ouvir o parar da canção, num átimo de segundo cada criança deveria lutar para garantir a sua cadeira. Era preciso ser rápido, esperto, atento e conseguir engendrar técnicas para, enfim, achar metaforicamente o seu lugar no jogo da vida. Aqueles que não conseguiam iam, paulatinamente, ficando para trás, fora do jogo. Então, era mais ou menos simples: deveríamos ensinar aos sujeitos das futuras gerações a serem cada vez mais rápidos, atentos, espertos e competitivos para que seu lugar estivesse, em tese, garantido. Hoje isso se revela um tantinho mais complexo.

Quando estava saindo da escola, no final do ensino médio, minhas escolhas profissionais eram filosofia, ciências sociais e psicologia. A equipe de orientação escolar, lá na primeira metade dos anos 1990, fez grande esforço para me convencer a mudar minhas predileções. Gentilmente argumentavam que, por se tratar de uma escola particular, meus pais teriam feito grande esforço financeiro para ali me manter por anos e anos. Defendiam que, para reaver todo esse investimento, as carreiras por mim aventadas não seriam lá boa coisa. Profetizaram em exclamação: assim você vai terminar por se tornar um professor. Para a equipe pedagógica, melhor seria se eu escolhesse algo como medicina, direito ou uma engenharia qualquer, pois, dessa maneira, a minha vida seguramente estaria mais garantida.

Talvez não estivesse de todo equivocado o conselho que me foi dado, numa época em que a tecnocracia gozava de lustroso prestígio, e alguma previsibilidade ainda se fazia possível. Hoje, na contramão, o desafio parece ser outro: saber fazer tudo isso como antes, mas ir além para reinventar o jogo, as regras, as cantigas e, quiçá, até as cadeiras.

Outro jeito possível de estar no mundo

Tempo rei, transformai as velhas formas do viver
"Tempo rei", de Gilberto Gil

Num cenário em que acertar o alvo não pode ser mais assegurado por cálculos, métricas e previsões, precisamos instalar um dispositivo no projétil para que ele adapte sua trajetória aos novos ventos e às novas posições dos cada vez mais numerosos alvos. Não é mais apenas o controle sobre a nossa perícia técnica em cálculos e em manter "sempre teso o arco da promessa" que nos garantirá sucesso. Como aponta Bauman, precisamos sair de uma lógica "balística" para uma lógica "inteligente", através da qual adaptamos nossa trajetória ao deslocamento irrefreável do alvo e à certeza da mudança das condições que modificam seu trajeto.[32] Por isso, nem tudo é desértico nos dias de hoje, pois o compositor baiano Dorival Caymmi já dizia que o "vento que dá na vela" é o mesmo "vento que vira o barco".

Afinal de contas a humanidade sempre deu seus saltos e foi conseguindo seguir em frente, mesmo quando tudo parecia estar severamente arriscado. Quando as canetas esferográficas começaram a ser produzidas, pairava uma desconfiança aqui e acolá. Não raro, havia quem se recusasse a assinar um documento com aquele novo e pouco confiável apetrecho. Quando os maiôs surgiram, a família estaria pressagiada ao fim, e o colapso era dado, por muitos, como certo. Quando a TV se popularizou, achou-se que os livros estariam condenados ao total desaparecimento e aqui estão eles, sofrendo, mas ainda persistindo. A chegada dos computadores domésticos sepultaria a escrita à mão, mas a ciência mostra que grafar uma letra e outra exige do cérebro coisas diferentes, já digitar essas letras diferentes não. Por isso, seguimos educando nossos meninos e nossas meninas escrevendo à mão. Quando nos automóveis o cinto de segurança de três pontas passou a ser obrigatório, lembro com clareza que muitas pessoas tinham grande resistência no seu uso. Há registros televisivos de pessoas bradando contra a medida. Habitualmente se viam cintos desafivelados, ou, para os mais inventivos, se punha um pregador de roupas que folgava os cintos, evitando assim o amarrotar das roupas. Hoje, seu uso é pleno e sua utilidade, inquestionável.

Ao contrário do que possa parecer quando estamos inebriados por tantas dúvidas, nossa história como humanos segue em frente, o que não quer dizer que o faça em linha reta, sem sinuosidades e inúmeros percalços. Estudos de cognição social, com crianças muito pequeninas, mostram uma tendência a escolher comportamentos em prol do social e não o inverso. Ao que parece, somos mesmo propensos ao encontro. Insistentemente, para alguns, "a maioria das pessoas é bastante decente" e "é quando surge uma crise – quando caem bombas ou há uma enchente – que os humanos dão o melhor de si", como afirma o historiador holandês Rutger Bregman.[33] Estamos vivendo uma crise paradigmática, busquemos o melhor de nós para enfrentá-la.

> Nossa história segue em frente, o que não quer dizer que o faça em linha reta.

Nós, os sujeitos da contemporaneidade, poderíamos ser comparados a malabaristas. A essência do malabarismo é que nunca podemos segurar todos os malabares simultaneamente nas mãos, sempre há um que deve ser lançado como aposta rumo ao incerto. No fazer do malabarista, o movimento constante é regra. Cansaço e beleza se misturam, tensão e encanto também, e assim, soltos no ar, criamos dinâmicas improváveis. Ora os malabares estão seguros em nossas mãos, ora os fazemos girar no ar como quem se lança ao infinito. Às vezes estaremos cansados do movimento e do imperativo da performance, sendo preciso assumir isso e poder parar. Outras vezes estaremos dispostos ao movimento e encontraremos alguma graça nos giros que desafiam a força da gravidade.

Se Bregman defende que "nós somos aquilo que acreditamos", escapar da ingenuidade que produz uma espécie de analgesia das dores que são inerentes à crítica da realidade, ao mesmo tempo em que driblamos o terrífico discurso da famosa hiena: "Oh, céus! Oh, vida! Oh, azar!", não nos salvará, mas nos deixará mais prontos para o zigue-zague que é viver o nosso agora.

Talvez seja o tempo de abrirmos as janelas dos nossos quintais – os da alma e os da vida – para deixarmos que a paisagem seja parte da nossa casa. Assim, vamos mirando nosso tempo e nossa vida nesse tempo. Nossos amores, nossas dores, nossos sabores e nossos temores ficam ali, visíveis, sentados à mesa da sala de jantar. Daí os colocamos para conversar entre uma garfada e outra de mais uma refeição no meio de uma semana qualquer, fazendo com que o simples permita a chegada do extraordinário, como um convidado surpresa. É daí que nasce a experiência: algo que ocorre no tique-taque cadenciado do costumeiro e que merece o abrigo encantado das nossas palavras.

Emprestando palavra a um tempo que parece ser indizível, vamos abrindo caminhos, fissuras, grotões e talvez (quem sabe?) assim inventamos uma terceira margem, como fez Guimarães Rosa, que inaugure uma outra cartografia para uma travessia nova e plausível. Dar sentido ao nosso tempo é como arrumar com esmero a casa das nossas narrativas, mas sabendo que haverá sempre algo fora do lugar, algo que nos escapa. Façamos como no poema de Vinicius de Moraes: "eu morro ontem, nasço amanhã, ando onde não há espaço: - Meu tempo é quando!".[34]

Vamos seguir pensando e sentindo o nosso tempo. Faremos isso tomando distância das verdades perfeitas, das respostas simplistas, das saídas óbvias. Seguiremos tentando cogitar modos de viver o presente sob diversas perspectivas, todas elas incompletas, imperfeitas e passíveis de modificação.

A proposta de Byung-Chul Han não é apenas desacelerar como ferramenta inequívoca de uma reconciliação plena com o tempo na contemporaneidade. Para além, o filósofo propõe uma "revolução temporal, que gere um outro tempo, o tempo do outro". Ele defende que tenhamos a possibilidade de trazer "de volta para o tempo o seu aroma".[35] A revolução do tempo passará pelo intangível num tempo em que tudo parece excessivamente concreto; como disse Chico Buarque, talvez num tempo da delicadeza onde possamos ser encantados, uns ao lado dos outros.

O tempo nos obriga sempre a fazer escolhas. Fugidio e inquieto, sabemos que nunca o alcançamos e que por isso não teremos tempo para fazer tudo o que almejamos. Essa conta que não fecha sempre tangenciou os meandros das questões humanas, ainda que o faça hoje de forma inédita. A grande questão atual dessa escolha é poder olhar e reconhecer o que de fato é essencial, se revelando hoje embaralhado a quinquilharias, inutilidades e distrações de modo agigantado e excessivo. Toda escolha implica perdas; saber o que abandonar é a única forma de marcar um encontro com aquilo que se faz destacadamente importante.

Sempre que for possível, quando conseguirmos fazer um furo na realidade, paremos os relógios. Vivamos o tempo da experiência. Percebamos o sabor, o cheiro, a textura do que estamos vivendo, nos deixando atravessar pelo vivido desde um outro lugar. Entre um boleto e uma panela de feijão, entre o despertador e a boca de hortelã, no meio de uma tarde repetitiva, achemos o extraordinário permeado no diuturno, com quem insiste em não sucumbir à brutalidade que a repetição nos oferece como verdade quase única. Sejamos como a personagem de *Alice no País das Maravilhas* que consegue pensar em até seis coisas impossíveis mesmo antes de tomar o seu café da manhã.

Está posto aqui um chamamento para debulharmos esse manancial de experiências, que são sempre singulares, mas, de alguma forma, são também de todos nós. Fazermos isso juntos ilumina caminhos, desvela trajetos desconhecidos e inventa passagens a serem abertas lá onde, às vezes, somente víamos uma parede rígida e intransponível. Aceitemos o convite do maestro brasileiro Antônio Carlos Jobim: vamos nos dar as mãos e sair para ver o sol.

Cultivar o espanto

Invento em mim o sonhador
"Cais", de Milton Nascimento

O espanto diante da vida ordinária

E o mundo vai ver uma flor
Brotar no impossível chão
"Sonho impossível", de Chico Buarque e Rui Guerra

O genial compositor Chico Buarque escreveu, ainda muito jovem, a canção "Pedro Pedreiro", que fala da nossa condição de vivermos emaranhados a uma rotina alienante. Ao cumpri-la, por desaviso ou por ser ela inescapável diante de condições sócio-históricas, nada mais nos resta a não ser esperar. Esquecendo que "quem espera nunca alcança", vamos ficando presos às mesmas condições de vida, para sempre.

Essa música é genial por diversos motivos. Destaquemos aqui apenas três. Primeiro pela crítica que faz, num só golpe, à desigualdade social e à nossa condição existencial de ficarmos aprisionados ao esvaziamento do viver, como máquinas, nesse caso como o próprio trem. Ao se verter em máquina diante de uma rotina que o atropela, Pedro se faz imutável e não promove deslocamentos em sua vida, não muda de posição nem social e nem subjetivamente.

Segundo, pois a rítmica da música alude ao movimento do trem, emprestando mais vivacidade e sentido à mensagem. Quem a ouve se envolve no ritmo e sente como se de fato esse trem nunca chegasse, pois seu caminho jamais cessa de continuar, inclusive nas próximas gerações, pois o filho de Pedro estaria fadado a esperar também.

Terceiro, porque inventa a palavra "penseiro", ao modo de Guimarães Rosa, dando a entender que, mesmo aprisionado a uma rotina de alijamentos em que se vê exilada a dimensão dos sonhos, Pedro pensa, questiona, duvida e sonha com "alguma coisa mais linda que o mundo" e "maior do que o mar". Penseiro que é, Pedro guarda em si um restinho de espanto diante da vida e ainda pode imaginar bem alto. De tanto esperar, de tanto repetir-se no ingrato cotidiano que vai deixando os sonhos mofados, Pedro ao final deixa de ser "Pedro, pedreiro, penseiro" e se torna "Pedro, pedreiro, pedreiro", ou seja, ele se mistura à própria rotina que se apossa da sua vida, se fundindo a sua subjetividade. A Pedro lhe resta apenas seu nome próprio e seu ofício, seu fazer, seu labor. O que há de Pedro Pedreiro em cada um de nós que vivemos a hipermodernidade?

A vida humana sob qualquer ponto de vista é espantosa. Mesmo nos meandros naturais, onde tudo parece mais plausível, podemos pensar na palavra milagre quando imaginamos a formação da nossa vida. Um conjunto de materiais de ordem biológica se juntam desafiando condições improváveis e tudo isso vai se multiplicando, crescendo e se desenvolvendo, até que, dentro de algum tempo, somos capazes de pensar, imaginar, mentir, amar, fabular. Isso é um absurdo, um espanto. A vida, portanto, não é dada como fato simples e meramente explicável, ela tem algo de miraculoso, inquietante e incompreensível. Esse inusitado é uma espécie de prova que, contra toda a lógica, existe a vida humana e persiste a humanidade, com sua capacidade de espantar-se diante dela mesma.

A vida humana sob qualquer ponto de vista é espantosa.

Para falar do espanto, voltemos a *Antígona*, do dramaturgo grego Sófocles.[1] Nesse texto incrível, que segue sendo atual mesmo depois de mais de 2500 anos, há uma passagem do coro que descreve nossas peripécias como humanos: nossa capacidade de criar artifícios para tentar controlar o natural; a linguagem e o pensamento; a nossa habilidade de realizar alguma previsão sobre futuro e a capacidade de nos prepararmos para ele; a cura para muitas doenças; a possibilidade de utilizar tudo isso para bem ou para mal, ou seja, uma certa liberdade diante do desenho dos nossos caminhos.

Fernando Savater enfatiza, entretanto, que talvez o mais impressionantemente humano resida menos no acima destacado e mais no "assombro" do citado coro diante do que narra e frente à condição humana.[2] Uma miscelânea de susto, arrebatamento, medo e orgulho, que as façanhas e os equívocos humanos causam na vida da humanidade é o que seria o espanto. Essa nossa capacidade de sobressalto diante do mais ordinário ou catastrófico dos nossos erros, bem como frente às mais singelas ou fabulosas de nossas proezas.

Vivemos como humanidade a fruição entre o comezinho e o extraordinário a todo tempo e há muito tempo. Ocorre que na atualidade, diante de suas expressões supermodernas, qualquer tentativa de conciliação possível entre essas dimensões do nosso existir se revela especialmente complexa.

"Hoje minha mãe morreu. Ou talvez ontem, não sei bem. Recebi um telegrama do asilo. 'Sua mãe faleceu. Enterro amanhã. Sentidos pêsames.' Isso não esclarece nada. Talvez tenha sido ontem."[3] Com essa narrativa concisa, seca e muito direta, o escritor francês Albert Camus, nascido na Argélia numa infância pobre e de agruras, inicia o seu famoso *O estrangeiro*. O livro versa sobre o absurdo da existência humana através das mazelas do personagem, que vive uma vida inócua em produzir sentido, repetindo uma rotina estéril e vazia.

A banalidade da vida do protagonista é metáfora do vazio que é viver a reboque dos acontecimentos e do curso irrefreável do passar do tempo. O livro abre as cortinas da existência humana como uma prova do absurdo de quem vive desolado e sem respostas. Privada de significados e pouco nítida em motivações, a vida se repete, até que tudo vira de cabeça para baixo por força de um acaso que invade seus atos e, mesmo assim, sem qualquer sentido que explique a força de suas ocorrências.

Esse sujeito de Camus está desamparado. Sem ter onde se segurar, vive a vida sem elã, como se fosse um fluxo único, sem escolhas profundas, sem crenças, sem arroubos, sem dúvidas e, do mesmo modo, sem o encantamento com o viver em si. Máquina de existir, tal qual Pedro Pedreiro, ele apenas cumpre o rodopiar dos ponteiros do relógio e, também por isso, pode fazer o que quiser, como quiser, quando bem entender. Não há muito a perder quando nada se tem que seja efetivamente relevante. Essa é a condição que o desancora e que pode levar ao extremo da liberdade. Vive uma biografia em aberto, sem amarras, sem pontos de partida ou chegada, sem exaltação – mesmo diante da notícia da morte de sua mãe – com toda a angústia e dor que tudo isso possa causar.

Sem rumo certo, horizonte ou mesmo um mapa, navega por onde o levam os ventos da impermanência, do acaso e das circunstâncias como um ente flácido que sem tônus obedece aos desígnios do trajeto com poucas escolhas ou saídas autorais. Vive vivendo e ponto-final.

Ou seja, trata-se de uma história bem atual, embora escrita em 1957. Suas linhas se convertem em um sacolejo para nossos dias, esse tempo de incerteza que é a contemporaneidade. Dessas obras, tal qual uma erupção vulcânica, desponta uma pergunta: o que podemos, de fato, viver dentro da nossa vida? Conjugar o ordinário e o esplendoroso é a métrica do espanto diante do viver, nos dias de hoje.

Do outro lado da rua, mas fazendo de certa forma a mesma pergunta, temos o filme de Wim Wenders, *Dias perfeitos*.[4] Com um tipo de cinema que é capaz de deixar por quase uma hora o protagonista sem nem uma única fala, tudo é minimalista, muito preciso e focado na observação das sutilezas através da vida de um zelador de banheiros de Tóquio. Não sabemos sobre o passado e o futuro dele, ficamos apenas com a narrativa refinada sobre a sua atualidade.

O protagonista vive uma vida ultra simples e muito solitária, com uma rotina que tem tudo para ser sufocante. Cheio de rituais, o dia-após-dia que a lente precisa do diretor trata de capturar, nos lança em um emaranhado de inumeráveis questões. Diálogos raros e muito contundentes se entremeiam a tomadas comoventes que conversam entre si. É assim que podemos ver como a banalidade do cotidiano pode se transformar em algo que, por vezes, toca o sublime.

Da mesma maneira, o filme revela o quanto as histórias humanas são bem mais profundas do que se pode notar. Sem sabermos o que está adjacente à rotina do zelador de banheiros, ficamos com sua discrição, seu silêncio e toda a sua expressividade. O filme não pretende explicar qual seria o motivo de ele ter como amigas apenas as árvores, mas, através da metáfora do jogo da velha que se faz entre ele e uma pessoa desconhecida, deixando sempre o mesmo papel com as marcas exatamente no mesmo lugar, vemos o quanto é preciso um outro para podermos viver e como o espanto acha brechas por entre rochedos gigantes feitos de mesmice e trivialidade para, fortuitamente, se fazer brilhar.

> O espanto acha brechas por entre rochedos gigantes feitos de mesmice para se fazer brilhar.

Há um tanto de beleza e encantamento possíveis mesmo na repetição dos dias, desde quando haja alguma vidraça pela qual o sentido se faça paisagem. É possível simbolizar a vida mesmo estando, de algum modo, preso à repetição de uma dura rotina. Isso não se faz no sentido de acomodar espíritos inquietos promulgando o "mais do mesmo" que apequena vidas humanas. O protagonista da película não aceita silente e cordato uma vida que lhe é dada como saída única para seu existir. Tudo na obra comunica o contrário: há algo de contentamento nessa vida austera, solitária e um tanto repetitiva.

Isso não retira as pedras do caminho. Ele se encarrega de um trabalho que o torna quase transparente, ao menos enquanto põe em marcha o seu ofício. Seus dias estão arranjados numa fricção muito próxima aos dejetos simbólicos da nossa humanidade. Prova disso: ao resgatar uma criança que se perdera de sua mãe, em troca de agradecimentos, o que se vê é a mãe limpar a mão da criança do toque potencialmente "sujo" daquele sujeito quase invisível. Mesmo assim, ele sorri resignado e retribui com ternura o aceno grato da criança resgatada.

Dias perfeitos não são feitos de perfeição. Dias perfeitos são feitos de vida e a vida é sinônimo de imperfeição. Há nos dias perfeitos tudo que há na vida: acordar com a mesma vassoura varrendo a rua, sempre no intervalo entre a despedida da noite e o dia que se anuncia; trabalhar duro; se alegrar ao ouvir a dona do restaurante que frequenta há anos cantar uma canção para a qual ele fecha os olhos, como uma reverência de encantamento; tomar o mesmo café em lata retirado da máquina em frente a sua pequena casa; almoçar um sanduíche debaixo das árvores que tanto ama; escovar os dentes na pequena pia da cozinha antes de sair para trabalhar; ser tomado por surpresa e alegria ao rever a sobrinha já adolescente e poder dividir com ela seu gosto pela música e pelos livros; se irritar por ter que trabalhar por dois, quando seu subordinado se demite; abraçar apertado e chorar muito ao rever sua irmã a quem não encontra desde longa data; esfregar com esmero muitos vasos sanitários; encontrar a beleza das árvores através das lentes da sua máquina fotográfica analógica; brincar de pega-pega com as sombras com um furtivo novo amigo que morrerá em breve; tomar um baita susto diante de um inesperado beijo na bochecha.

O que vemos é rotina impregnada de realidade com pitadas de espanto diante de oportunidades escassas, mas presentes, de transcendência. Tudo misturado, tudo causando um bocado de sentimentos diferentes, tudo sacudindo a gente, como é próprio de a vida fazer. Até que, com o rosto tomando quase toda a tela, dirigindo seu carro de trabalho, o protagonista nos oferece sua última mensagem. Ouvindo Nina Simone cantar no toca-fitas "*It's a new dawn, it's a new day, it's a new life for me, and I'm feeling good*" ("É um novo amanhecer. É um novo dia. É uma nova vida para mim, e estou me sentindo bem"), ele chora e sorri ao mesmo tempo, sem dizer uma única palavra. A gente sente vontade de dar um abraço nele. A gente sente vontade de dar um abraço na gente mesmo. Ele é tão humano que poderia ser qualquer um de nós.

A questão nodal é: o quanto podemos nos permitir nos emocionar, viver dores, rotinas, privações e ainda assim conseguir algum sentido, algum contentamento, alguma beleza, ou seja, o quanto podemos simbolizar a vida como ela de fato é. Quando Gilberto Gil disse: "Você num canto vive o espanto, enquanto o outro você sai pra viver por aí", nos perguntamos qual o lugar do espanto no tipo de vida que a contemporaneidade nos aporta?

Estamos vivendo uma deflação da imaginação, do simbólico, em detrimento da realidade que se vê aumentada. Para adensarmos a humanidade é importante a criação, os sonhos e as fantasias. Isso deveria ser parte irrevogável da formação de nossas novas gerações, antes de qualquer coisa, já que é assim que nos humanizamos. Poder ler o mundo e as pessoas de modos diversos é algo decisivo em tempos de impermanência das circunstâncias. Cultivar o espanto é dizer não à desumanização distópica que o mundo por vezes insiste em nos apresentar.

Mesmo tendo que lidar com a fragmentação da vida contemporânea, o excesso de performance, o imperativo do desempenho e com as tecnologias digitais que dificultam nos desligarmos por alguns momentos, com a crítica e a coragem de quem quer traçar outros destinos, é possível ver a vida com outros olhos, através de novas lentes?

Sem dúvida, "é preciso estar atento e forte", como diz a canção. Estar ofuscado por todo esse exagerado cenário do nosso tempo pode facilitar o esvaziamento do espanto diante das pequenices incrivelmente belas e transformadoras que muitas vezes se põem escondidas por detrás da balbúrdia que há no corre-corre das agendas no nosso cotidiano. Arrastar os móveis da vida para poder reorganizar um espaço para a beleza e o encantamento é dar lugar ao espanto diante da vida inacreditável de cada um e de todos nós.

Qual o destino de sua viagem?

O viajar de uma viagem
a outra viagem que não cessa
"O nome da cidade", de Caetano Veloso

Estar exausto se converteu numa espécie de ativo social na atualidade. A exaustão, através de seu calamitoso enredo contemporâneo, vai nos tomando muitas vezes de uma forma sutil. Se você está cansado, numa sociedade em que cabe a você dar conta de tudo, significa que você teve sucesso e que é tão produtivo que vive pelas tabelas repetindo: "Não aguento mais não aguentar mais".

A frase, que intitula o livro da jornalista norte-americana Anne Helen Petersen, revela que viver nos consumindo como uma labareda indomável cotidianamente deixou de ser algo esporádico, circunscrito nas fronteiras situacionais do excesso, e se configurou como uma condição que a atualidade faz se estabelecer em cada um de nós.[5] Nunca parar, produzir sem fim, viver a performance são nossos, já não tão novos, imperativos.

Novamente, voltemos à alegoria dos malabares. Imaginem que cada um deles é uma instância da nossa vida. Aceitamos mais facilmente abrir mão das nossas prioridades quando temos que escolher algo para deixar cair, depois de dias e dias de acrobacias intermináveis. Isso porque talvez seja muito difícil lidar com as pressões externas que se aboletam dentro da nossa mente. "Tudo bem, se caiu e quebrou é porque faz parte do show e podemos sempre refazer, afinal ninguém aprende a ser malabarista sem deixar cair um malabar de vez em quando e mesmo o mais experimentado dos circenses, por vezes, falha." Alguém compassivamente poderia nos dizer uma frase assim ao pé do ouvido, seria reconfortante. Infelizmente todo o conclame social da nossa cultura nos comunica o inverso, nesse mundo onde nada está minimamente garantido a cobrança sobre o espetáculo da performance produtiva parece sem fim.

Dessa constatação, desponta uma pergunta. Estamos, como pessoas e como sociedade, nesse nosso mundo contemporâneo, aproveitando todas as melhores possibilidades na viagem da vida? Essa é uma pergunta simples, porém essencial quando cogitamos indagar os nossos modos de viver a sucessão dos dias sem permitir que sejamos engolidos por eles.

Nascer e morrer, dormir e acordar, trabalho e lazer são pontos equidistantes que se fazem margem de algum tipo de travessia. Vivemos a grande viagem da vida a todo tempo criando percursos dentro dela, indo de um ponto a outro. Viver é o deslocamento. Nosso existir é feito de ciclos, de trajetos, de pequenas ou imensas viagens. Até porque "navegar é preciso" e "viver não é preciso". Ou seja, navegar é imperioso, somos feitos de movimento dentro da vida, ao mesmo tempo que podemos encontrar nessas andanças alguma precisão: cálculo de itinerários, mapas, previsão das condições climáticas. Já viver é sempre impreciso, sem ensaio e imprevisível.

> Viver é o deslocamento.

Quando decidimos, na atualidade, traçar os rumos de nossa vida, fazemos isso prestando a devida atenção ao "viajar de uma viagem", ou insistimos em saltar da partida para a chegada vorazmente consumindo pedaços de realidade de forma apressada e mecânica? Será que conseguimos perceber a importância do caminho, ou lembramos do sentido simbólico do percurso para nossa existência, ou ainda vivemos com alguma inteireza as experiências que o trajeto nos oferta? Como disse Lispector em seu *Água viva*: "a caminhada é longa, é sofrida, mas é vivida".[6]

Essas inquietantes questões conversam com metáforas feitas por Bauman para teorizar nosso modo de estar no mundo líquido: o peregrino e o turista. O peregrino representa um jeito de estar no mundo pelo qual se pode dar tanto valor ao caminho quanto à chegada. Nesse sentido, viajar é uma forma de ressaltar o significado dos passos na direção de algo que se faz, justamente, pelo próprio caminhar. Há uma busca pela experiência advinda do percurso e estamos atentos a tudo o quanto este nos revela. O peregrino está sempre disponível ao espanto diante das sutilezas da vida que se faz no peregrinar.

Viver a vida sob a metáfora do peregrino é se relacionar de outra forma com o tempo. Cada passo, cada curva, cada cume que desnuda uma nova paisagem precisa ser vivido o mais inteiramente possível no tempo que lhe cabe. O tempo é do tamanho da beleza e o espanto é dobrarmo-nos atentamente sobre ela.

Esse tipo de viagem é daquelas que se faz sem pressa. Não há urgência que dure o tempo todo. Nessa jornada se administram as demandas, dando lugar e importância ao que se vive. Peregrinar é uma conexão com o *slow*: viver o que há para ser vivido no tempo que cada experiência requer para ser devidamente vivida.

O peregrino consegue achar grandiosidade e se espantar com ela no mais trivial dos dias. Ele não vive andando nas nuvens. Sem negar a realidade que brota irremediavelmente, sempre constrói a sua trajetória através dela. Lida com a realidade de forma prática, mas nunca fecha os olhos para o inusitado que pode se camuflar na repetição insistente de uma rotina, afinal "mistério sempre há de pintar por aí", como diria Gilberto Gil.

O peregrino não encurta itinerários para chegar logo, vive o processo com todos os percalços e todas as fortunas que lhe são inerentes. Faz isso porque sabe que a vivência do caminho lhe modifica, lhe conforma e lhe transforma, da mesma maneira que está ciente de que suas pegadas modificam o feitio de cada trilha. Esse tipo de viajante sabe que os caminhos são feitos pelo andar, assim como sabe que caminhantes e caminhos se fazem juntos uns aos outros. Sob essa perspectiva, eles não existem isoladamente: a passagem de um pelo outro é um acontecimento único que não mais se repete com ninguém. O caminhante é a impressão digital daquele caminho e vice-versa. O caminho ao ser feito por outro caminhante nunca será o mesmo, assim como aquele que caminha com o espírito de peregrino jamais será o mesmo andando em outras direções.

Mais do que obter informações despedaçadas sobre os lugares, peregrinar é produzir um saber: o atravessamento do conhecimento na subjetividade. Único, intransferível e cheio de sabor, que se converte na bagagem simbólica da nossa viagem pela vida. As informações são facilmente colhidas e repassadas. O conhecimento já requer mais trabalho, uma vez que será preciso correlações, conjunturas e conexões. O saber, por sua vez, precisa da experiência e esta se faz vivendo de forma o mais íntegra possível a riqueza de cada um dos nossos inúmeros percursos.

Viver a vida sob o signo do peregrino é colecionar histórias e difundi-las pela estrada afora da nossa vida. Diferentemente do turista, ele não reúne acontecimentos fortuitos e pontuais saltitando para lá e para cá. Caminhar, verbo para viver o caminho, é um compromisso com a existência e com todo o seu enredo: uma mistura de trajeto, ação e experiência.

Artesão de sentidos, o peregrino vai seguindo seu curso vivendo o que há para se viver e amealhando o imaterial da vida como quem carrega preciosas relíquias e raros tesouros. Ele os carrega consigo não como objetos para ornar uma prateleira ou enquadrá-los num porta-retratos ao fim da viagem, mas como uma parte do mais íntimo de quem ele é.

Viver identificado com o peregrino nos convida a lidar com o passado e com o futuro, desviando da flechada aprisionante do eterno agora. Esse andarilho é sensível e está disponível à experimentação. Sempre se mostra vocacionado a relacionar o presente com as partes do caminho que foram ficando para trás, assim como com aquelas que ainda estão por vir, lá no ponto de sua chegada.

Aliás, peregrinar é muitas vezes mudar de destino, trocar o ponto aonde se quer chegar. Sabemos de onde partimos, mas muitas vezes nos deixamos levar sem saber exatamente para onde vamos. Isso se dá porque à medida que caminhamos vamos nos transformando e isso muda tudo em termos de eleger para onde de fato o vetor do desejo pode nos levar.

Esse sábio fazedor de direções também precisa lidar com as perdas. Cada passada do percurso implica que algo fique para trás. Ele sabe da importância de deixar as coisas irem, de esquecer certos trajetos ou mesmo de se perder para se encontrar. Minimalista, precisa ser simples, amar o simples e viver de forma simples. Esse percurso de peregrinação deve selecionar com esmero as essencialidades. Saber o que é indispensável a sua formação de caminhante o torna alguém que valoriza aquilo que é efetivamente o fundamental. Para ele, tudo o que sobra não segue viagem. Está de acordo com a poeta norte-americana Elizabeth Bishop sobre a arte de perder: "Perdi duas cidades lindas. Um império que era meu, dois rios, e mais um continente. Tenho saudade deles. Mas não é nada sério".[7]

O peregrino sempre segue, embora consiga com alguma sabedoria perceber a hora de parar e ficar por algum tempo – que podem ser minutos ou, às vezes, uma vida inteira – em lugares, pensamentos, crenças, amores, relacionamentos... Quando isso acontece, ele encontra modos de fazer andanças dentro de suas paragens, são os caminhos que existem por dentro dos caminhos. Ele sempre está em movimento, transcorrendo, transformando.

Seus cursos, percursos e transcursos nunca são propriamente solitários. Ele sabe que é feito de caminhos e que esses são feitos de pessoas. Entretanto, alcança que seu caminhar é sempre único. Tenta achar um jeito propriamente seu de percorrer o espaço e o tempo. Busca um modo autoral de construir sua cartografia subjetiva nas entrelinhas de sua vida, para além do explícito.

Esquiva-se, portanto, do que Bauman e Han chamaram de "enxame". Ir à mercê da maré das circunstâncias, estar sempre ladeado de muitos – embora muitas vezes se sentindo sozinho –, fazer os voos que o aglomerado lhe impõe e se importar mais em estar dentro do enxame do que propriamente fazer parte dele de forma ativa não são as escolhas do peregrino.

O mundo contemporâneo nos convoca a nos identificarmos, no nosso modo de vida atual, muito mais com os turistas do que com os peregrinos. Turistas, enquanto metáfora do nosso jeito de viver a atualidade, entendem a viagem como um hiato entre partida e chegada. Trajetos devem ser breves, lineares e vazios, pois o que realmente importa é chegar a algum lugar, mesmo à custa de perder algumas experiências. Turistas fazem roteiros mais ou menos comuns, pouco autorais, ou seja, tendem a seguir o curso evidente e desenhado por alguém: espalhar pedacinhos de vivência no mosaico de seus dias.

Turistas seguem o fluxo, pois se sentem mais seguros, uma vez que aquilo já foi testado e retestado por inúmeras pessoas. Arriscam-se pouco, mas também inventam muito pouco. Vivem o agora, na verdade uma sucessão de "agoras" pairando sobre a experiência. Estão apressados para consumir a vivência que lhes garanta cumprir sua lista de objetivos. Voltam para casa cheios de informações, mas com menos probabilidade de as transformar em conhecimento e, menos ainda, em saber.

Viver as alvoradas da vida como um turista é ficar sempre com a parte mais mastigável do nosso destino, a parte mais *fast-food* de cada lugar, de cada vivência. A lógica do *fast-food* é um emblema da identidade turística como símbolo das formas de viver a realidade no século XXI.

No *fast-food*, toda comida tem que ser mole para ser mastigada brevemente e você abrir espaço para outro consumidor chegar: nada pode demorar-se. Lá você pode conseguir comer sem quase se comunicar, não há tensão: você aponta um número e ganha um combo que alguém inventou para você. Lá você tem sempre a sensação de estar em casa, pois em Bangladesh ou na Lapônia, da decoração ao cardápio, será mais ou menos a mesma experiência: nada deve lhe desestabilizar.

Tudo na dinâmica do *fast-food* serve à brevidade, ao consumo, à facilidade, à estabilidade, ao silêncio da dúvida, à mesmice, ao dissolver da comunicação e à repetição. Tudo é rápido, igual e sem muito sabor. Viver sob a lógica turista é viver num *fast-food* diuturnamente, esvaziando a acepção da palavra experiência, calando o espanto diante da vida e do viver.

Quantos de nós podemos, conseguimos, escolhemos ou mesmo lutamos para viver sob a metáfora do peregrino e quantos somos empurrados para uma rotina acachapante de turista num mundo *fast*-tudo? Vivemos o paradoxo de enquanto humanidade termos que desacelerar mais rápido, foi o que concluiu o escritor Yuval Noah Harari na sua conferência na Feira de Frankfurt.[8]

O *fast* nunca dorme. O nosso corre começa logo cedo. Acordamos apressados para trabalhar. Num mesmo dia buscamos estar saudáveis, produtivos, bonitões, gente boa, engajados, descolados, devidamente informados, comprometidos com alguma causa nobre e, acima de tudo, felizes. Ao mesmo tempo, nos culpamos por não termos tempo de tomar um café delongado com um velho amigo, temos medo de que os interesses e assuntos em comum se esvaiam pelo ralo da correria. Não podemos atender com a merecida atenção e paciência às inúmeras ligações e mensagens dos nossos idosos, sofremos por saber que nosso tempo com eles é cada dia mais curto. Estamos em débito com os doze verões que compõem a um só tempo a infância dos nossos filhos e a nossa chance de vê-los crescer antes de que não queiram mais saber de passar tanto tempo com a gente. Sonhamos com extravagâncias sexuais no consumo exorbitante de pornografia e vivemos sem tempo para o sexo. Amamos o mar, mas quase nunca deixamos nosso corpo boiar livre sob suas águas salgadas. Vivemos acelerados para desacelerar e vivemos culpados por estarmos culpados. Quanto mais vivemos assim, seguimos atrasados para a vida que passa impiedosamente em desfile diante de nossos olhos.

Cada tempo tem suas doenças como metáforas dos seus modos de viver. É assim que Han começa o seu emblemático livro *Sociedade do cansaço*. Ele analisa que, se antes nosso padecer estava no combate a situações externas e diversas à nossa perspectiva, na atualidade vemos que nosso sofrer se reveste de um excesso daquilo que o próprio sistema social cria como valor. A questão hoje não é mais produzirmos algo para combater o mal lá fora, mas sim saber lidar com o excesso que os convites sociais nos fazem tentando dar conta de nós mesmos.

Pensemos, a título de exemplo, no quanto nossa sociedade do século XXI valoriza a capacidade de atividade e de trabalho. Parar e se aquietar soa quase criminoso hoje em dia. Isso está tão marcadamente imperioso que, a depender do quanto essa dimensão nos atinja, começamos a ser um problema para o campo social. Notadamente, um problema de excesso. Somos hiperativos e queimamos a nós mesmos em um *burnout.* Com isso não estamos negando todo caráter neurobiológico dos quadros aqui citados como exemplos, sejam eles de neurodesenvolvimento ou não. A questão que se propõe aqui é social. Vivemos uma cultura do excesso a tal ponto que não sabemos nós mesmos lidar com essa superinflação que se converte em patologia, avisando o quanto nosso modo de viver merece uma revisão tão urgente quanto cuidadosa.

Viver uma rotina saudável e produtiva, trabalhar e ter algum tônus de enfrentamento dos dias, com força e com coragem, poder lidar com a ordem prática da vida com competência, viver uma objetividade que deslinde impasses nos cenários da realidade tudo isso é muito bem-vindo ao andamento da nossa vida. Converter-nos em exploradores de nós mesmos; exigir uma superprodução de eficiência, performance e resultados à custa de nossa saúde; viver um pragmatismo que silencie as dimensões simbólicas do nosso existir; renegar afetos, sonhos e encontros, todos pontos que não nos fazem bem. A justa medida entre esses campos é um tema crucial para a atualidade.

Isso toca diretamente na questão do espanto. Primeiramente no sentido de não podermos perder a capacidade de nos espantarmos com toda essa enxurrada de circunstâncias que põe nosso mundo de cabeça para baixo como se tudo fosse o curso esperado do andamento próprio da vida, mesmo quando nos adoece e solapa subjetividades.

> Perder a capacidade de se espantar com o extraordinário que habita o singelo do cotidiano é viver aos pedaços.

Em segundo lugar, perder a capacidade de se espantar com o extraordinário que habita o singelo do cotidiano é viver aos pedaços, inflando o pragmatismo a tal ponto que ele obscureça o simbólico e todo o encantamento necessário à vida humana em comunidade.

Para tanto, diante desse cenário difícil de decifrar, é preciso despertar. Gabor Maté, médico e escritor húngaro-canadense, defende ser essa a tarefa do nosso tempo, uma ação que dê conta de redimir o passado, inspirar o presente e apontar para um futuro mais luminoso e saudável.[9] Para o autor, reside nesse ponto o nosso mais penoso desafio e o celeiro de nossas melhores possibilidades. O despertar seria uma conexão inabalável com o que existe de mais real e autêntico em nós e no nosso entorno. Isso facultaria conseguirmos distinguir o tolerável do intolerável nos nossos dias, deixando sempre à beira dos olhos as interconexões que nos conformam, ainda que diante de um cotidiano repleto de distrações frente a essa dimensão. Daí restaria nítida qual seria a nossa essência e o que o "normal" exige de cada um de nós, mesmo que à custa de nós mesmos, muitas vezes.

O "normal", produzido culturalmente, comumente se faz como acúmulo denso de percepções equivocadas, distorcidas, ou inverossímeis sobre a vida e sobre nós mesmos que, em regra, nos adoecem, ceifam nossa autenticidade e fabricam modelos idealizáveis muito difíceis de se alcançar.

O "normal" do nosso tempo é vivermos distantes de nós e dos nossos contextos, repetindo comportamentos de exterioridade, elogiando a exaustão, olhando pouco para dentro de nós mesmos e nos consumindo como se não houvesse amanhã. Entretanto, há uma greta entreaberta que pode ser alargada aos revermos alguns mitos tóxicos que nos desconectam uns dos outros e do planeta.

Tentarmos descobrir um equilíbrio possível, sempre dinâmico, entre realidade e espanto é uma batalha a ser travada por aqueles que vivem o século XXI e que serão impelidos ao excesso da primeira e ao esvaziamento do segundo. Enaltecer o espanto diante da vida é achar vida nos percursos, como quem vive propriamente vivendo. Nossa viagem por entre os elementos do viver pode ser de muitos modos. Àqueles que buscam se esbarrar de vez em quando com o espanto de estar vivo, diante de toda sua potência e possibilidades de encantamento, resta lavar o rosto com as águas do "que não tem medida nem nunca terá".

Da rotina ao ritual

Todo dia o Sol levanta
e a gente canta
ao Sol de todo dia
"Canto do povo de um lugar", de Caetano Veloso

Minha mãe casou-se duas vezes com maridos que sabiam cozinhar muito bem; já ela passou toda sua vida sem maiores talentos culinários. Reza a lenda que ela teria aquecido dois dedos de Coca-Cola para oferecer a um namorado da juventude por não saber ao certo como passar um café fresco. Entretanto, há duas coisas na sua história culinária que são inesquecíveis: vatapá e peru de Natal. Aprendi com minha mãe a fazer as duas receitas exatamente como ela as fazia.

Há anos faço eu o peru natalino e, nos últimos tempos, tenho a ajuda de meu filho. Atualmente, preparo o retempero que minha mãe inventou e cabe a ele fazer exatamente como a avó sempre fez: separar com cuidado a pele da carne da ave natalina e, com delicadeza e precisão, besuntar todo aquele tempero nas entranças do bicho com a antecedência correta ao cozimento. Depois seguir todo um modo específico de assar e, sempre antes de ornar, roubar pedaços suculentos da parte de baixo, como uma deliciosa travessura secreta.

Meu filho gosta tanto de fazer isso quanto de comer propriamente a iguaria. Ele sempre diz: "Todo ano a gente tem que fazer o peru. É assim, tem que ser assim. Sem peru não é Natal de verdade". Ele não sabe bem explicar o motivo nem aprecia o festejo em si, mas sente como se aquele rito de preparo fosse um jeito de estar feliz, de se sentir em casa depois de ter vivido quase um ano inteiro. Esse já é um ritual em nossa família a cada dezembro.

Todo rito faz com que nos conectemos com a parte submersa dos fenômenos da realidade, aquela porção que faz com que as coisas sejam mais além do que elas de fato são. Os ritos estão ligados intimamente ao plano simbólico da vida.

Imaginem um iceberg. Sua ponta emersa, aparente, embora visível, é a sua menor porção. Essa parte revelada é como a realidade (assar um peru para o Natal). A porção que está submersa é o plano simbólico, seus inumeráveis sentidos e significados. Sabemos da existência dessa parte que está debaixo da água, mesmo sem poder vê-la. Através da suposição que fazemos, a partir do que se revela na superfície e a partir do que sentimos ao nos conectarmos a ela, tudo ganha outro contorno no seu sentido e significado. Sempre maior, mais robusta e mais significativa, imensa e intangível, essa parte da vida faz com que as coisas rotineiras e repetitivas nos abracem com um jeito que nos convida a participar de algo que é reconfortante e, por que não dizer, encantado.

Reconfortante, pois nos dá lugar, nos proporciona pertencimento a uma cadeia de afetos e símbolos que muitas vezes não vemos, mas cuja existência é absolutamente percebida. Encantado, pois nos conecta com o fato de que toda realidade sempre pode ter um novo sentido, que se faz transcendente e mais além do que se apresenta, algo que é sempre muito mais do que parece ser.

Os rituais nos unem, criam laços, nos reconectam a um cordão de afetos, memórias e sentidos que, de algum modo, dizem quem nós somos. Os ritos despontam qual é nosso lugar no mundo, ao mesmo tempo que nos fazem acreditar que em qualquer lugar do mundo, com eles, nunca estaremos propriamente sozinhos. Por isso, os ritos diferem das rotinas.

As rotinas fazem bem ao ser humano. Nosso cérebro é afeito a padrões e repetições, que economizam energia de adaptação, diminuem o estresse diante do novo e nos defrontam com alguma previsibilidade. A rotina nos acalma por sabermos mais ou menos como as coisas vão funcionar sem que se tenha que conceber o empenho engenhoso de ações para intervir sobre a realidade.

A rotina poderia ser compreendida como uma sucessão de ações práticas interdependentes, organizadas e formatadas num tempo para que as coisas funcionem. Ela nos ajuda a ordenar, planejar, prever e assim nos dá segurança, podendo facilitar a qualidade do que operamos praticamente, já que nossa vida conta com ações que precisam se repetir de forma minimamente ordenada.

Se por um lado a rotina nos organiza e acalma, por outro, a depender do quanto ela seja rígida e repetitiva, pode nos apequenar. O quanto a rotina faculta a circulação de ares de novidade e espanto por entre suas planilhas e horários será a medida de uma certa humanização do seu feitio.

Viver cantarolando "todo dia ela faz tudo sempre igual, me sorri um sorriso pontual e me beija com a boca de hortelã" é mecanizar os beijos e os sorrisos a tal ponto que, corrompidos, percam seu papel de adornar nosso existir com ternura e graça. Repetir de forma vazia hábitos e comportamentos a tal ponto que a manutenção da rotina valha mais que o sentido do vivido é um risco para a nossa a saúde mental.

Empobrecemos a vida a tal medida que a esvaziamos como uma bexiga de festa infantil – colorida, porém murcha – se fazendo de emblema do fim da alegria. A vida assim vira um "estandarte da agonia", como disse Jorge Mautner. Justo por isso é que a pobreza, e a consequente luta sem fim pela sobrevivência, rouba muitas vezes todo o espaço da vida e mutila de tal forma o existir que faz com que pessoas que vivam nessas condições estejam mais propensas a importantes adoecimentos de ordem psíquica, que é sempre social.

Nesse estado de coisas, ficamos tão distantes de nós mesmos que perdemos um pouco do nosso colorido. Repetimos ações esvaziadas que nos entorpecem, que nos distanciam do sentido, que silenciam o pensamento, que esfriam o coração e fazem com que percamos a capacidade de nos espantarmos para aprender algo novo com aquilo que experimentamos. Vivendo assim roubamos das horas o seu recheio, o seu sabor inusitado, fazendo nosso tempo ficar oco e insosso.

Em contraposição, quando emprestamos significado ao que vivemos, mesmo no mais ordinário dos dias, nos reconciliamos com o plano simbólico e podemos ver no pão com manteiga e uma média de café com leite na padaria da esquina, mais que um café da manhã apressado: algo cujo sentido ultrapassa o que de fato é. Presentificar nossa subjetividade naquilo que fazemos é uma forma de enlace do espanto e com a experiência no mais comum dos dias. Como disse Fernando Pessoa: "Para ser grande, sê inteiro: nada teu exagera ou exclui. Sê todo em cada coisa. Põe quanto és no mínimo que fazes. Assim em cada lago a lua toda brilha, porque alta vive".[10]

A rotina com sentido é o que a educadora canadense Catherine L'Ecuyer chamou de ritual.[11] Um rito serve para inaugurar a beleza, o mistério, o assombro no cerne daquilo que se repete, tornando-o outra coisa, mais ampla, mais plural de significados e mais convidativa à transcendência da realidade.

Isso favorece a reconstrução da realidade em si. A nossa melhor forma de transmutar o factual é ultrapassando sua versão mais óbvia. Vendo a realidade mais além do que ela entrega, construímos sentidos e assim podemos criar representações que nos dão a possibilidade de superá-la.

Ao olharmos para um semáforo, se somente vemos um conjunto de circuitarias elétricas de acendimento intermitente com plásticos em três cores que servem à regulação do trânsito, ficamos apenas com a pontinha emersa do iceberg. Ignoramos a parte submersa, muito maior ainda que obscura, que é, nesse caso, sua representação como pacto social coletivo de não nos destruirmos. Uma espécie de acordo, uma concessão das nossas vontades individuais diante do bem coletivo, em que cada pessoa precisa esperar sua vez para não nos machucarmos. Ou seja, o semáforo representa um modo de viver a coletividade, uma negociação para existir em comunidade, um artifício para proteger o bem comum, a conjugação entre meu caminho e o do outro, um louvor à importância da nossa convivência comunitária.

Quando perdemos a capacidade de, na rotina de um engarrafamento, percebermos num semáforo toda essa dimensão, somos mais propensos a ultrapassar o sinal vermelho e, assim, flertamos ainda que de modo sutil com a barbárie contida no lema: se a farinha é pouca, o meu pirão é primeiro.

É essa dimensão simbólica que faz com que as crianças queiram sempre revestir as coisas simples nos invólucros das fantasias e dos encantamentos. Assim elas tangenciam o mistério e vivem a certeza de que a vida é sempre mais além do que aquilo com que estamos a nos ocupar. Fazendo isso elas driblam o tempo do relógio e criam seu próprio tempo, o tempo da ilusão. Não uma ilusão que nos impede de viver a realidade prática da vida, ao contrário: a ilusão que reconhece que a dimensão objetiva e repetitiva da vida é tão necessária quanto pode ser bela e mais confortável.

Ao operar sabiamente essas ações, as crianças conseguem fazer do mundo um lugar conhecido, aprazível, se sentindo nele como se estivessem na segurança de suas casas. Como disse Han, transformamos o "estar-no-mundo" em "estar-em-casa".[12] Para o filósofo, os rituais fazem o tempo se tornar habitável, arranjando um jeito de que ele se torne viável como uma casa.

Na atualidade, o tempo é menos um lugar e mais um fluxo de movimento, fazendo com que estejamos nele desavisados, sem a atenção devida ao que estamos experimentando. Seguimos distraídos vivendo, repetindo, cumprindo rotinas sem nos darmos conta de fato de todas as dimensões do que se vive ali.

Nesse sentido, buscar os ritos é uma forma de fazer do tempo parada, aprofundamento, experiência: uma espécie de lar. Seria como poder estar de fato no que se vive e não sempre atravessando e sendo atravessado pelos afazeres corriqueiros. O ritual é uma forma de ancorar por instantes o barco da rotina para darmos um bom mergulho no mar profundo da experiência.

Ritualizar a vida é, portanto, um conjunto de ações simbólicas que comunicam valores e que formam as comunidades das quais fazemos parte. Os símbolos são possibilidades claras de reconhecimento e de pertencimento, são um emblema do nosso lugar no mundo. Por isso um ritual pode ser uma rotina humanizada, como apontou L'Ecuyer. Os rituais sempre criam um elo afetivo que vem daqueles que nos apresentam os seus símbolos. Ritualizar é dar uma expressão afetiva ao que vivemos. Sem o afeto nada somos no plano pessoal e muito menos ainda no coletivo.

Ritualizar é dar uma expressão afetiva ao que vivemos.

O professor da Harvard Business School e doutor em psicologia social Michael Norton diferencia os hábitos dos rituais. Os primeiros servem à automatização, já os segundos à inspiração. Para ele, os hábitos são coisas que fazemos para eliminar uma tarefa na nossa lista de afazeres, não importando muito suas bordas.[13] Um ritual ressoa nos campos psíquicos e afetivos de forma a irem muito além de benefícios práticos e objetivos. Ritualizar a vida implica querermos fazer algo de uma forma específica, pois isso nos remete a um significado maior que nos conforta. Os ritos são uma espécie de afago simbólico.

O cerne do comportamento habitual é "o que" fazemos; já a essência do ritual é o "como" fazemos. Os hábitos são automáticos e têm por recompensa algo palpável. Já os rituais nunca são somente comportamentos ou ações. Eles se revestem de um modo específico de fazer algo que produz em nós um sentido, que vai muito além do gesto ou desse algo em si. Isso se dá pois os rituais têm forte relação com as camadas emocionais da nossa vida. Bons hábitos fazem muito bem a nossa vida, pois eles nos ajudam a cumprir atividades práticas; já os rituais detêm o poder de tocar a nossa alma, trazendo para a vida algo a mais, uma ordem de encanto e um recheio emocional. Ou seja, os rituais iluminam partes não visíveis do nosso existir que são afetivas e sempre advindas do campo simbólico.

Buscar emprestar sentidos ao vivido é uma forma de flertar com uma leveza na vida ao modo proposto pelo escritor italiano Italo Calvino. Em uma sequência de conferências que daria em Harvard, mas que, devido à sua súbita morte, não chegaram a ser proferidas, são feitas seis propostas para o próximo milênio. Na conferência sobre a leveza ele defende a mudança de ponto de vista como forma de tentar não apenas perceber fatos e fenômenos de forma distinta, senão para também mudarmos nós mesmos, assim como o pensamento sobre as coisas e a própria realidade. Seria como fitar a vida desde um lugar mais leve, capaz de pairar e produzir deslocamentos e, assim, poder inaugurar propriamente o novo, sem com isso perder contato com a realidade. Diz ele: "Cada vez que o reino humano me parece condenado ao peso, digo para mim mesmo que à maneira de Perseu eu deveria voar para outro espaço. Não se trata absolutamente de fuga para o sonho ou o irracional. Quero dizer que preciso mudar de ponto de observação, que preciso considerar o mundo sob outra ótica, outra lógica, outros meios de conhecimento e controle".[14]

A contemporaneidade nos ensina a buscar viver os grandes momentos. Vivemos esmagados pelo peso de dias e dias de ações com pouco significado, almejando um breve "grande momento" que esse acúmulo de vida perdida em horas estéreis pode nos proporcionar. E se invertêssemos essa lógica? Talvez dentro desse grande conglomerado de minutos que compõem o cotidiano do nosso viver existam recantos que possam esconder verdadeiros tesouros. Ver e viver essa maior parte da nossa vida com os olhos dispostos ao encontro com essas pequenas preciosidades – instâncias de contentamento e beleza – é uma forma de achar leveza no circuito áspero das durezas nossas de cada dia.

Para Calvino, a sua proposição de leveza em nada se relaciona com um desapego da realidade, um diluir-se em sonhos. Ao contrário, essa leveza é uma tentativa de emprestar sentido ao vivido, desde novos lugares. Precisamos estar de olho na realidade, mas com coragem e disposição suficientes para subvertê-la. Em *O universo num grão de areia*, do escritor moçambicano Mia Couto, vimos que, para além da fadiga diante do excesso de intensidade e extensidade de trabalho e afazeres que o tempo atual nos traz, "o que mais cansa não é trabalhar muito. O que mais cansa é viver pouco. O que realmente cansa é viver sem sonhos".[15]

Achar no meio da papelada no fundo da gaveta bagunçada um tanto de significação para a vida não é uma ação das mais simples, especialmente quando se empilha uma profusão de coisas e atos práticos que parecem intermináveis. Entre a vida burocratizada e o voo inesquecível em milésimos de segundo para lugares que ainda não existem, estamos nós: uns mais alertas, já vestindo asas, e outros adormecidos, com os pés sempre inertes colados ao chão. Mas mesmo no meio das urgências da vida é possível alçar voos infinitos.

Mesmo no meio das urgências da vida é possível alçar voos infinitos.

A vida escapa de nossa compreensão. Nascer e morrer, assim como tudo que se sucede nessa travessia, é tão imenso que não cabe debaixo das nossas redes de interpretação. É uma imensidão tão vasta como tudo aquilo que mora lá nos campos do interminável. Darmo-nos conta disso é por vezes fonte de angústia e por vezes um chamado à admiração, uma epopeia do espanto. Temos que cuidar para que, diante do imponderável, tentando escapar dos inevitáveis nós no peito que a amplitude traz, a gente se agarre a uma vida mequetrefe, sem seus sonhos, seus saltos e suas cores, sem suas naves voando por entre o lumiar das estrelas.

Encantar o mundo

Deixa eu brincar de ser feliz,
deixa eu pintar o meu nariz
"Todo Carnaval tem seu fim", de Marcelo Camelo

Influenciadores digitais e *coaches* pelo mundo afora tentam vender a ideia de que tudo depende de um bom planejamento. Na linha do "basta querer bem forte" e se planejar bem, saem por aí vendendo sua enorme capacidade de dar conta de tudo. Como uma fórmula de sucesso, mesmo diante do caos no mundo, eles conseguem comer bem, amar muito, manter o corpo belo e em forma, trabalhar pouco gerando grandes resultados, ter enorme sucesso e viajar por lugares exóticos como recompensa.

Uma metáfora muito comum dessa lógica é aquela das 24 horas. Quem nunca ouviu uma dessas figuras dizendo que o dia de todo mundo tem as mesmas 24 horas e tudo depende do que você escolhe fazer dentro desse tempo? Embora de fato o dia de todo mundo tenha a mesma quantidade de horas, há nessa afirmativa muitos problemas; concentremo-nos em três.

Primeiro, essa afirmação desconsidera contextos e é excessivamente autocentrada. Dizer isso ganhando numa "publi" o que a maioria dos brasileiros levaria meses para ganhar é relativamente fácil. Uma família numerosa de baixa renda, que divide um único cômodo e um único banheiro, cuja mãe solo leva horas no transporte público seis dias por semana para chegar a um emprego difícil e mal remunerado, que não conta com plano de saúde e que, antes de ir trabalhar, ainda precisa fazer os filhos chegarem à creche ou à escola, não tem, por óbvio, as mesmas 24 horas que um executivo branco que vive sozinho, não tem filhos e conta com funcionários em casa, funcionários no trabalho, horário flexível, auxílio-moradia e vale-alimentação, convênio médico, excelente remuneração e carro importado.

Em segundo lugar, defender essa ideia estapafúrdia apequena as pessoas, desrespeita histórias e faz os muitos que a ouvem sofrerem por não se sentirem capazes de se planejar a ponto de escapar do córrego raso da sobrevida e mergulhar fundo nas águas azuis da vida plena. Cada um que compara essa narrativa com a própria vida se pega pensando: por que só comigo isso não funciona? Onde foi que eu errei? Tão ocupados pela ordem clara de sobrevivência, não resta tempo para viver plenamente as famigeradas 24 horas: o dia é muito curto para tanto o que fazer e lutar. Faltam minutos ao sonho de uma vida melhor para maioria de nós.

Terceiro, esse tipo de discurso mantém as coisas no mesmo lugar. Calando os cânticos da esperança, tudo se repete. A gente se convence de que aquilo não chegará, não nos sentimos capazes de tanto, nos convencemos de que a culpa é nossa e, de quebra, diante da realidade, sedamos o pensamento crítico, que é a grande mola propulsora das transformações. Tudo à custa de mais ansiedade, sentimento de menos-valia, sensação de inadequação e muita tristeza diante daquela porta constantemente trancada a sete mil chaves históricas e contextuais.

Tudo isso para dizer que: poder parar é um direito que se converteu num luxo na sociedade do desempenho e da performance. Vivemos constantemente ativos e a inatividade virou uma espécie de palavrão impronunciável. Vivemos mais das vezes o "a gente vai levando" à medida da mecânica da vida, em vez de viver uma vida de escolhas e contemplação. A inatividade se transformou num defeito. Vivemos tomados pelo excesso de afazeres e parar é um prejuízo.

Poder parar é dar uma festa para o corpo e para a alma. Lembremos de Galeano: "A publicidade diz: o corpo é um negócio. O corpo diz: eu sou uma festa".[16] Parar reinventa o tempo, cria outras cores, orquestra novas sinfonias, inventa outros mundos, rabisca o esboço do que um dia já foi impossível. Nada a fazer tem luz própria e esse clarão ilumina uma dimensão da existência que os quefazeres excessivos nos roubam.

> Poder parar é dar uma festa para o corpo e para a alma.

O tão sonhado tempo livre se esvai por nossas mãos como areia fina ao sabor do vento e, por mais que tentemos recuperá-lo, temos a sensação de que não conseguimos. Essa sensação emerge da lógica de que a produtividade está diretamente associada à atividade e do fato desta ter valor máximo na sociedade atual. Parar é causa de culpa, de temor de ficar para trás na lógica produtiva e, da mesma forma, de ansiedade por não suportarmos esse vazio ou por nunca nos encontrarmos com ele. Não há lugar para o *dolce far niente* italiano nos dias de hoje.

Somos o tempo todo convidados à impulsividade. Quanto mais agimos sem o hiato entre sentir, pensar e atuar, mais ativos estamos e mais produtivos nos sentimos. Resolver tudo rápido e de imediato virou um valor central na vida da contemporaneidade. Agimos e reagimos impulsivamente, sem dar tempo ao sentir e ao pensar, sem permitir que a inatividade possa nos fazer encontrar conosco mesmos em cada uma das inúmeras situações que vivemos diuturnamente.

Precisamos do tempo realmente livre. Para Byung-Chul Han, a atividade em tempo livre é o que forma nossa cultura, "não a guerra, mas a festa, não as armas, mas as joias, são a origem de nossa cultura".[17] O que nos faz não é a utilidade da vida ou um existir sempre cheio de finalidade; são os desvios dessa flecha implacável do que se faz de modo prático que nos permite encontrar com a nossa humanidade.

Vivemos sempre querendo chegar a algum lugar, mesmo quando estamos andando sem sair do lugar nas esteiras da academia. Fazemos dos caminhos obstáculos à celeridade, perdemos a dimensão do passeio. Andar sem rumo a apreciar o que aparece por aí virou uma subversão ou uma insanidade. Entretanto, isso figura como algo que comprovadamente nos faz bem.

Parar é enaltecer o inútil da vida. O inútil do lúdico, o inútil da arte, o inútil da festa, o inútil dos encontros desprogramados, o inútil das paisagens inimaginadas é justamente sua maior utilidade para fazer a humanidade acontecer. A humanidade precisa da inutilidade para existir como tal.

Usamos nosso corpo para muitos fins práticos e dançamos cada vez menos, brincamos cada vez menos, abraçamos cada vez menos. Nossos olhos se prestam a vigiar, observar, aprender, mas não se deleitam com o perder de vista. Pensamos sobre tantas coisas, abarrotados de informações, mas temos dificuldade de não pensar em nada até ver o que brota de sortilégio dentro da cabeça. Para que isso ocorra, nós criamos uma técnica, o que já é em si uma utilidade. É muito mais fácil vivermos uma experiência num tempo em que se está livre das amarras operativas da ação intencionada. A experiência nos toma pela cintura da vida e nos chama para dançar e, assim, nos marca, por isso precisa ser contada, lembrada, partilhada. Há que se abrir espaço para o espanto da experiência desfilar diante de nós.

A vida se sobrepõe à sobrevivência quando escapa dessa engrenagem totalizadora do funcional e se abre às experiências. O lúdico nos une, a festa comunga, a arte faz voar; já o meramente operativo apenas se repete, friamente. Consumir a vida sem viver a vida é um caminho rápido para estarmos cada vez mais sozinhos e robotizados. Esse impulso excessivo sobre o agir prático da existência nos leva ao ruir da festa, ao desbotar do lúdico, pondo em risco o encantamento e roçando nossos dias no arame farpado da desumanização.

Podemos viver toda a nossa vida olhando para um quintal apenas como um quintal, ou podemos tentar ver a vida com os olhos infantis que viam magia espalhada por toda parte. Assim fez o escritor brasileiro Antonio Prata: "No princípio era o chão. No piso do quintal, ladrilhado com cacos de cerâmica vermelha, via um elefante de três pernas, um navio, um homem de chapéu fumando cachimbo. Na manhã seguinte, as imagens haviam mudado: o homem de chapéu era um bolo mordido; o elefante, uma parte de um olho enorme – a tromba, um cílio –; o navio zarpara, deixando para trás apenas cacos de cerâmica vermelha no piso do quintal".[18]

Na vida adulta é preciso uma ordem de decisão para viver o espanto diante das infinitas possibilidades que se apresentam. Manter viva, dentro de cada um de nós, a centelha infantil da invenção lúdica, sua imbricada conexão com o mistério e a subversão do plausível exige ação e decisão. Para a maioria de nós, o encantamento não vem simples e fluidamente tal qual quando éramos ainda pequenos.

Diante das inumeráveis vitrines que nos convocam a desatenção, diante do trabalho quase sem fim, diante da repetição vazia das muitas tarefas, chamar a vida para brincar sempre que for possível pode nos fazer muito bem. Brincar é inventar novos mundos onde somente se viam aqueles fatos mais chapados, sobrecarregados de realidade.

Para o historiador holandês Johan Huizinga, o jogo é algo primitivo, originário, está em nós desde sempre e para sempre.[19] Humanos jogam, brincam, inventam essencialmente. O jogo funda nossa cultura. Seja pelas artes, seja pelos rituais, brincar é nossa raiz. Para além de nos divertir – o que por si só já seria revolucionário –, jogar é uma forma de achar saídas para nossos grandes dilemas. É no lúdico, com seu colorido aroma de sonho e sua inventividade brincante, que achamos um meio de mastigar as durezas da vida, extraindo todo seu sabor e fazendo algo inusitado com o seu intragável bagaço. Transformamos o bagaço que não podemos engolir em poemas, bolas de gude coloridas, esculturas, pipas dançando no céu, humor, sonhos... É assim que achamos uma forma de sentir algum prazer diante do que é insuportável.

Domenico de Masi, célebre pela defesa do ócio criativo, propôs algo que conjuga trabalhar para produzir, estudar para conhecer e aprender, sem nos esquecermos de garantir a alegria, triangulando essas dimensões.[20] Aliás, ótimo seria se pudéssemos encontrar alegria no trabalho que realizamos, nas ocasiões de aprender aquilo que buscamos, assim como fora de tudo isso. O encantamento é forma de brincadeira, assim como é uma forma de alegrar-se na vida. É possível trabalhar, aprender e até sofrer de mãos dadas com o lúdico. O encantamento, de cujo o lúdico é estandarte, não é um remédio milagroso que extirpa nosso mal-estar. O poder do encantamento diante da vida é fazer e refazer o nosso existir, para que seja um tantinho melhor, tragando a beleza que há no amargo e promovendo na vida sua infinita invenção.

Brincar na vida e com a vida é uma forma de, a um só tempo, presentificar nossa vivência na inteireza da experiência e, assim, transfigurar a realidade que nos circunda. Uma pessoa de qualquer idade, quando brinca, descoisifica as coisas. O ato de brincar é uma forma de inventar novos atos, novos fatos, novas coisas. Dê um graveto a uma criança e ela o fará bigode, ambulância, foguete, uma mãe ou um cachorro bravo. A coisa graveto, quando entra na dinâmica do brincar, vira outras coisas e coisa nenhuma ao mesmo tempo. Quando nós, adultos, deixamos que o lúdico se ocupe de como o nosso viver enxerga a vida, seguimos sendo sérios trabalhadores e cumpridores de nossas obrigações, mas podemos inventar o inventável: isso é propriamente o encantamento. Passamos, desse modo, a ver a vida com outros olhos e viver no mundo de outro modo: sonhando novos sonhos e engendrando novas ações.

Brincar é exercitar o inventivo em nós. Quem brinca enaltece a transcendência. Podemos – e devemos, eu diria – brincar mesmo na idade adulta. Sobretudo nesse tempo da vida em que somos sufocados por uma avalanche de ofícios e prazos e trabalhos e boletos e responsabilidades, brincar é fincar os pés na saúde e na humanidade. É claro que podemos brincar de muitos modos e alguns deles serão distintos de como fazíamos quando éramos crianças, mas manter viva a faísca do lúdico em nós é fundamental.

Uma boa forma de reavivar o lúdico é fazermos uma coisa de cada vez. Escapar da fragmentação da vida, verdade quase absoluta na contemporaneidade, e mergulhar fundo naquilo a que nos propomos nos dá tempo para as várias experiencias da vida adulta germinarem no jardim do nosso existir.

A neurociência nos mostra que, ao estarmos diante de estímulos diversos e simultâneos, é uma emboscada crer que podemos dar conta deles ao um só tempo. O que fazemos é rapidamente passarmos de um para o outro e de outro para um. Nessas básculas frenéticas, vamos vivendo como dá, mas sempre comprometendo de algum modo o aprofundamento do que está sendo vivido.

O mundo atual tenta nos fazer acreditar que ser multitarefa é uma vantagem. Cada vez mais estamos devotados a fazer duas ou mais tarefas simultâneas sob a suposta recompensa de ganhar tempo e produzir mais. Mas, ao contrário, produzimos menos e, sobretudo, qualificamos menos nossa relação com as coisas, com as pessoas e com as vivências. Ficamos mais cansados, vivemos uma vida mais rasa, devemos sempre ao tempo e raramente sentimos aquela agradável sensação de que finalmente concluímos a contento algo sobre o que nos debruçamos com todo nosso investimento pessoal.

Diante da implacável sobrecarga de estímulos e demandas diversificadas a que estamos atualmente submetidos, não conseguimos dar conta de todas elas de forma plena. Em contraponto, dividimos nossa atenção e ficamos com a sensação de ações continuamente inacabadas. Somos uma sociedade que precisa estar a todo tempo atenta para estar distraída, e, constantemente, sendo distraída quando o que se precisa é a atenção plena.

Se temos algum tempo livre, nossa ação mais imediata é buscar um *smartphone* para nós nos distrairmos. Isso faz com que passemos a prestar atenção na sequência sem fim de estímulos que esses aparelhos ofertam. Não abrimos espaço a um vazio próprio da verdadeira distração, que é propulsora à percepção de outros cenários, à construção de outros *insights*, à casualidade de sermos tomados por uma ideia totalmente nova. Estamos no metrô focados no aparelho celular; fazemos compras no supermercado verificando as novidades das redes sociais; estamos em um engarrafamento coçando os dedos para acessar o aplicativo instantâneo de mensagem.

Com isso perdemos de uma só vez tanto a potência de estarmos inteiros nas vivências quanto a possibilidade de sermos capturados pelo improvável. Não nos abrimos à ventura de sermos tomados pela beleza escondida numa escada rolante, pela clareza que um pôr do sol pode trazer a um antigo dilema, ou por uma canção que ressoa na cabeça e que toma nossas emoções de assalto. Estamos distraídos demais ao mistério que se esconde no comum de um dia a dia.

Da mesma forma, quando temos uma demanda de fazer algo com esmero e plena atenção, estar com mais de uma atividade ao mesmo tempo não nos favorece. Somos impelidos a migrar nosso foco de atenção aos vários estímulos, fazendo com que não estejamos plenamente atentos naquilo em que, de fato, precisamos focar.

Essa lógica, que se vê agigantada pelo uso excessivo de tecnologias digitais, impõe ao nosso modo de viver atual um receber de inúmeras informações e estímulos sobre os quais pouco agimos, como forma de passivamente estarmos distraídos ao estarmos atentos a essas abundantes ofertas. Desse modo, pensamos menos, agimos menos, consumimos mais, nos fechamos a uma distração genuína que poderia ser impulsionadora de novidades, além de interagirmos analogicamente menos.

Para além disso, aprendemos a não suportar o vazio do silêncio e do tédio de fazer uma coisa por vez, perdemos a conexão com o tempo das coisas e das pessoas, ficamos com nossa mirada cada vez mais encurtada em distância e, principalmente, em sentido. Estamos constantemente sendo tomados por uma profusão imensa de estímulos que tamponam o espanto diante da vida.

É preciso silêncio e vazio para deixarmos o espanto surgir. É preciso olhar ao redor e olhar para dentro. É necessário suportar o tempo para a aparição do encantamento. É preciso treinar o olhar para mirar longe, lá onde nem sequer

É preciso silêncio e vazio para deixarmos o espanto surgir.

podemos de fato ver. Qual terá sido a última vez que pudemos por algum tempo, sem distrações e atribulações, somente parar para fitar um horizonte de fim de tarde?

Esconder o espanto por detrás desses ruídos é macular uma parte linda e crucial da vida humana. Linda, pois inaugura criações, inventa mundos, acha beleza no trivial. Crucial, porque é daí que achamos saídas para questões humanas, aquelas mais subjetivas, bem como as coletivas e sociais. O espanto está no cerne do aprender. Questionar, duvidar, querer saber como algo é ou poderia ser, se faz decisivo para as nossas descobertas, nossas invenções, nossos saltos como humanidade. Vivermos uma vida alijados dessa dimensão é robotizar nossa existência e esfriar o que há de quente na humanidade. Desse modo, aprisionamos a curiosidade, o assombro e o encantamento.

Não há aqui uma defesa em parar de produzir, trabalhar, pagar as contas e viver contemplativamente apenas, com os olhos impregnados das belezas da natureza ao nosso redor. Longe dessa idílica, chata e irrealizável vida, podemos tentar conjugar com alguma sabedoria o prático com o sublime, o explícito com o mistério, a rotina com o simbólico.

A filósofa belga Helen de Cruz argumenta que, neste mundo em que tudo precisa ser útil, maximizando sua performance tal qual um produto, a nossa capacidade de nos admirarmos mingua e com isso produzimos um antídoto contra o deslumbramento. Retomando o conceito de admiração de Descartes, ela argumenta que a admiração, enquanto uma das seis emoções fundamentais, é a única que não faz desdobramentos consequenciais de avaliações sobre seus resultados; tem como alvo apenas observar e admirar o entorno. Para a autora, o maravilhar-se diante do mundo é algo central para o desenvolvimento da nossa humanidade, pois essa condição incita novos pensamentos e sentimentos que inauguram inventividades, enriquecendo nossa vida nos planos individual e coletivo.[21]

Maravilhar-se é uma espécie de amálgama do que ela nomeou como assombro e deslumbramento. Para a autora, o assombro é perceber a imensidão na ordem factual ou na ordem imaginativa. Deslumbramento, por seu turno, é o que sentimos quando nos colocamos diante do desconhecido e que está além dos limites daquilo que podemos, a partir das nossas experiencias anteriores, compreender.

Mesmo que cientificamente consigamos explicar fenômenos que nos maravilham, seguimos maravilhados diante da beleza por força do espanto que isso nos causa. Ocorre que no vaivém das atribuições práticas da vida, num modelo social tal qual testemunhamos hoje, estamos distraídos perante a possibilidade de nos maravilharmos, justamente por não podermos jamais estar realmente distraídos, sem nada mais a fazer se não apreciar a vida.

Para Cruz, o assombro requer atenção e uma saída seria não estabelecer pragmaticamente a utilidade como mote maior de todas as nossas experiências e atividades, abrindo uma fenda prolífera desde onde pode emergir o espanto diante da vida. A autora advoga a favor de cultivar deliberadamente o assombro diante da vida, pela observação atenta aos seus sinais, pelos diversos encontros com a arte, pelo questionamento sobre o nosso viver. Conclui que, sem um tanto de magia, sem abrir espaços ao inesperado e ao maravilhoso, a vida está condenada a ser triste, chata e pintada num só tom.

Pensemos no tempo diante da rotina para que se faça nascer dela o encantamento. A experiência fugaz se reveste de beleza e intensidade justamente por ser transitória, é por isso que ela requer de nós o seu aproveitamento, já que não volta. Vivemos numa sociedade em que o tempo é nosso recurso mais escasso, então achar um tempo para ter algum tempo de plenitude é uma necessidade, e não um luxo, assim como viver intensamente o tempo de cada experiência também.

É possível na turbulência da nossa vida lavar os pratos com canções de amor, achar poesia no passageiro do ônibus que se coloca à janela pensativo, se espantar diante da perfeição em feijão com arroz de um prato feito bem montado, ou parar por um instante o relatório atrasado para ouvir um passarinho subversivo que canta no meio da tarde?

Não podemos nos acostumar a uma vida sempre aos tropeços, absortos pela sobrevivência pura e simples, sem descobrir alguma beleza no seu curso. Descobrir: tirar o manto pesado da obviedade que atrofia os sonhos e silencia os gritos, os de dor e os de prazer. Lutar pelo encantamento diante do existir é uma forma de resistir ao apelo feito pela atualidade, tão sutil quanto uma betoneira passando sobre nós, de vivermos à mercê de tudo que é prático, estabelecido e absoluto.

Quando a gente "se acostuma a acordar de manhã sobressaltado porque está na hora. A tomar o café correndo porque está atrasado. A ler o jornal no ônibus porque não pode perder o tempo da viagem. A comer sanduíche porque não dá para almoçar. A sair do trabalho porque já é noite. A cochilar no ônibus porque está cansado. A deitar cedo e dormir pesado sem ter vivido o dia", estamos perdendo de vista qualquer lampejo de encantamento, qualquer ideal de reinvenção. A isso, dizia a escritora Marina Colasanti, não deveríamos nos acostumar, pois assim amputamos as ideias impensáveis, estrangulamos as loucuras de amor, secamos aquela lágrima atrevida de felicidade.[22]

Cuidar disso é escapar da armadilha de vivermos presos à literalidade, num mundo onde minguam as metáforas, as poesias, o encantamento, a inventividade, as dúvidas, ou seja, tudo que nos permite enxergar para além do que é visto.

Viver sem isso é deixar de existir em alguma medida. Somos humanos à medida do que vivemos. Nossa existência é feita de nossas experiências. O que comemos e bebemos, para onde viajamos, o que lemos, as pessoas que amamos, o que nos faz sofrer, aquilo que duvidamos, tudo o que criamos é o que nos faz gente.

Nossas experiências, marca ímpar da nossa existência, driblam até a morte. Mesmo não estando mais vivos, aquilo que vivemos ficará marcado nos encontros com as coisas e as pessoas das nossas experiências para sempre. Viver a experiência é uma certa forma de imortalidade.

Viver a experiência é uma certa forma de imortalidade.

Por isso, se for viável, se a vida nos fizer convite, ou se pudermos rasgar de vez em quando o mapa, se rolar o desabrochar de uma novidade, ou se uma luz diferente nos fisgar a alma, nos agarremos a tudo isso com urgência e entusiasmo. Aí está nossa humanidade. Essa é a benevolência que a vida, insistente, não cessa de nos ofertar.

Elogiar a imperfeição

Precário, provisório, perecível:
Eis aqui um vivo
"Vivo", de Lenine

O imperativo do êxito: performar é viver?

Procurando bem todo mundo tem pereba,
só a Bailarina que não tem
"Ciranda da Bailarina", de Chico Buarque e Edu Lobo

No último ano da primeira parte do ensino fundamental, meu filho, então com 10 anos, viveu uma gincana que, nas palavras dele, foi algo inesquecível. Líder da equipe amarela, lutou bravamente tentando de tudo para vencer. Dias e dias se passaram, muito trabalho, provas em casa, provas na quadra da escola e, enfim, a divulgação do resultado. Rufando os tambores, fez-se o anúncio: sua equipe ficou em segundo lugar.

Sem ter ainda conhecimento do resultado, recebi uma foto do meu filho no pescoço de um professor, com um troféu na mão. Seu rosto e todo seu corpo exibiam um aspecto de grande vibração que ocupava, como um sol de verão, quase toda a imagem. Ao seu redor via-se um mar amarelo de crianças pulando. Tudo ali comunicando uma imensa alegria coletiva.

Depois, soube que alguns adultos não compreenderam o tamanho da euforia de contentamento da equipe que foi a segunda colocada. Uma pessoa chegou a me dizer diretamente que não entendia o motivo de se comemorar com tamanha veemência a conquista do "quase".

Eu, por outro lado, achei bonito que um número tão grande de crianças conseguisse vibrar em alto e bom som a conquista que lhes foi possível. Fiquei surpreso ao me dar conta de que aqueles pequenos, que começariam em breve a se despedir da infância, percebiam com grande clareza a importância do caminho tanto quanto o valor da chegada. Sábios, conseguiam comemorar aquilo que para eles foi o seu máximo. A turba amarela parecia emprestar corpo ao conceito do melhor possível.

A situação toda, entretanto, me lembrou que o tempo presente tende a uma idolatria do que é, supostamente, perfeito. Nossa atualidade nos faz crer que sempre precisamos estar nos píncaros da glória, como se dizia. No nosso modo contemporâneo de viver, todos devem sempre estar no topo do pódio do existir, uma lacração sem fim. Se assim não for, carregamos o fardo pesado do fracasso, numa espécie de tudo ou nada, ou, como diria Cazuza, "tudo, ou nunca mais".

Vivemos na época presente uma ode desmesurada à perfeição. O excesso de performance se faz imperativo no cotidiano das pessoas, mas também faz morada nas coisas ao nosso redor. Ele nos convida a enaltecer tudo que é limpo, liso, livre de cicatrizes e supereficiente. Produzir uma assepsia nas marcas que a vida deixa em nós e nas coisas que nos avizinham é a ordem do dia. Rostos sem rugas, equipamentos sem rachaduras, móveis sem fissuras, coxas sem estrias, prédios com suas linhas retas, casas sem telhados aparentes, corpos sem pelos, conversa entre iguais. O contemporâneo valoriza um tipo de vida, nas suas experiências e na sua estética, na qual a lógica asséptica, estável, sem calombos ou percalços goza de grande prestígio.

Para a atualidade, o sucesso é algo individual e devemos sempre almejar a nossa melhor versão, assim como a de todas as coisas. Embora Chico Buarque nos tenha advertido que "procurando bem, todo mundo tem pereba, só a bailarina que não tem", seguimos tentando ser a moça da sapatilha de pontas e do coque indefectível prendendo o cabelo. Vivemos buscando uma superidealização estética e comportamental que nos deixa sempre em débito com as expectativas gerais advindas do campo social, quando nossa vida – de carne, osso e alguns vazios subjetivos – se compara com tais ideais.

Não se trata aqui de uma insatisfação bem-vinda que é propulsora do desejo, que nos move e nos põe a buscar coisas novas e a criar outras possibilidades nos descaminhos da vida. Trata-se, ao revés, de uma dívida constante com modelos superidealizados e inalcançáveis que, mais das vezes, nos deixa com a sensação de que nunca chegamos realmente lá. O sujeito da atualidade vive a correr atrás do impossível da perfeição.

Em outra perspectiva, é justamente pelas perebas – ausentes apenas nas bailarinas, portanto no plano da idealização – que nos humanizamos. Somos mais gente naquilo que nos escapole. Sobre o que não temos total controle e diante do que nos divide nos encontramos com nossa face mais humana. Lá onde nos defrontamos com o que nos desarruma, reafirmamos que somos gente e gente é sinônimo de incompletude e imperfeição.

Nossas dores, feridas e pontos cegos são a parte de nós que nos reconcilia com a certeza de que jamais podemos tudo e, a um só tempo, precisamos de outros humanos para preencher, ainda que sempre de forma transitória e não plena, o nosso vazio. Essas dimensões da nossa vida, embora sejam um tanto silenciadas nos campos discursivos da atualidade, em nada são desimportantes nos planos subjetivos.

Aquelas camadas um tanto tronchas, que são de todos e de cada um de nós, se fazem como pistas no decifrar da charada que é a nossa condição humana. Nossas lacunas, que nos fazem seres lindamente incompletos e perfeitamente imperfeitos, são centrais para pensarmos em saídas para os nossos grandes dilemas. Assim, reverenciando essa dimensão imperfeita em nós, escapamos da objetificação do viver e, por isso mesmo, nos reconhecemos ainda mais humanos.

Ao aprendermos a amar o imperfeito, andamos de braços dados com nossa melhor intenção de transformação. É graças aos nossos hiatos que reescrevemos nossa biografia, incansavelmente, até o dia do ponto final. Cada imperfeição nossa se faz de uma mistura de salto com trampolim: certeza firme de que há em nós a vida. Os altos e baixos compõem o traçado do desenho dos viventes; a linha sempre reta, por sua vez, é o emblema da morte.

Cada imperfeição nossa se faz de uma mistura de salto com trampolim.

A escritora e assistente social Brené Brown aponta que é preciso coragem para ser imperfeito. Para a autora, na atualidade, somos impelidos à demanda de sermos notados, diferenciados, temendo a vergonha de sermos comuns.[1] Buscamos os holofotes da notoriedade e, da mesma forma, sentimos muito medo da falha, da crítica, da humilhação própria de quem claudica num mundo tão espetacularizado.

Na sociedade do espetáculo, como apontou o pensador francês Guy Debord, antecipando a cena nítida do século XXI, tudo precisa ser uma "imensa acumulação de espetáculos", pois "tudo o que era vivido diretamente tornou-se uma representação". Isso implica uma mudança radical na relação das pessoas e dessas com o mundo. Para Debord o espetáculo seria menos um conjunto de imagens e mais "uma relação social entre pessoas, mediada por imagens".[2]

Mario Vargas Llosa, escritor peruano e Prêmio Nobel de Literatura, define a civilização do espetáculo com sendo aquela em que a centralidade é ocupada pelo entretenimento.[3]

Nela estar entretido é o meio certo de fugir do insuportável silêncio e do olhar para dentro que o tédio produz. Espetacularizar as experiências íntimas é uma ação que se faz quase como regra, uma forma atual de fazer com que elas possam existir. Uma vida sem sua representação na imagem oferecida ao olhar dos demais se revela, para muitos, como excessivamente vazia de sentido.

Ao vivermos um elogio do excesso na roda-viva do consumo da nossa própria imagem, que precisa espelhar sempre algo além de nós mesmos, é como se nossas conquistas, escolhas, afetos ou relacionamentos nunca fossem o suficiente: não dormimos o suficiente, não temos tempo suficiente, não trabalhamos o suficiente, não amamos tanto quanto gostaríamos. Para Brown, o pensamento automático da não suficiência nos toma de assalto mesmo antes de podermos examinar suas raízes e suas consequências no nosso cotidiano.

Na visão de Debord, "quanto mais sua vida se torna um produto, tanto mais ela se separa do mundo". É como se a experiência fosse dando lugar à meta-experiência, ou seja, uma experiência da experiência. Não vale ir à festa, ao show ou ao parque apenas, temos que produzir uma nova experiência de publicar seus registros, sob pena de sentirmos que não valeu.

Fazendo isso, nos desviamos de estarmos inteiros naquela vivência, vez que somos impelidos a registrar e publicar a todo momento. Distraímo-nos do vivido, muitas vezes, para estarmos atentos a produzir suas representações e divulgações. É como se o registro e sua consequente divulgação passasse muitas vezes à frente do que está efetivamente sendo vivido. Isso faz com que a experiência em si fique sempre em débito diante de sua idealização.

Tudo isso produz em nós um perigoso senso de inadequação. Achamos que estamos ficando para trás, perdendo o bonde das melhores oportunidades por não sabermos como correr o suficiente para alcançá-lo. Quase nunca cremos que o bonde está ligeiro demais, recaindo sobre nós a incompetência diante da nossa pouca destreza ou da nossa pouca velocidade. Na contemporaneidade, é mais fácil listar internamente todas as coisas que não conseguimos fazer do que estabelecer uma conexão grata e pacificadora com nossas conquistas.

Essa distorção de perspectiva é nomeada por Brown como uma situação interna de escassez. Mesmo tropeçando no clichê, poderíamos dizer que salta mais aos olhos da atualidade a parte vazia do copo, em detrimento daquela que se revela preenchida. A escassez por isso seria, em algum sentido, um emblema de uma sociedade na qual o bastante não tem valor e impera a sobra, o excesso, o máximo. A sensação da escassez vence sempre num cenário social em que "todos estão hiperconscientes da falta", ou seja, tudo nos lembra do que devemos almejar mais e mais e mais, infinitamente, para buscar preenchê-la.

Esse campo árido tem seus contornos demarcados pela demanda de comparação constante da nossa vida – trabalho, relacionamentos, grana, filhos, sucesso etc. – com o intangível. Definitivamente, para a contemporaneidade o céu já não é mais o limite. Isso se dá quando a escassez e o excesso se convertem em faces distintas da mesma realidade. O excesso retroalimenta a sensação de escassez, que tenta debelar seu desconforto com o excesso, num ciclo sem fim.

O que apaziguaria a sensação de escassez seria o suficiente que, por sua vez, seria a antítese do excesso. Nesse sentido, uma conexão com o simples, uma valorização da imperfeição e uma reverência ao suficiente nos dariam uma oportunidade de torcer essa lógica frenética que nos precipita e, comumente, nos adoece.

Essa conexão não se faz de modo fácil e automático. Cabe àqueles que conseguem essa conexão empenhar um grande esforço para instigar uma revisão de pensamentos e realizar a construção de novas atitudes que ensaiem um outro modo de estar na vida. Um modo que enalteça a dimensão do possível. Ainda que o desejo não tenha paragem, essa conexão pode nos levar ao encontro de alguma recompensa em nossas realizações e fazer com que possamos comemorar, com a veemência típica da alegria, um segundo lugar.

As armadilhas da mesmice

Tudo ainda é tal e qual
E, no entanto, nada é igual
"Os mais doces bárbaros", de Caetano Veloso

A contemporaneidade adora vender a perfeição linearizada como meta. As redes sociais, oráculo maior do nosso tempo atual e do imperativo de como precisamos viver para sermos felizes, não nos deixam em paz. Em todas as direções, há a imagem, quase sempre irreal, de alguém mais feliz, mais bonito, com mais sucesso profissional, mais saudável, mais viajado, mais craque na criação dos filhos, mais produtivo ou culto do que nós. Esse truque meio ilusionista produz uma inflação do ideal e um grande temor sobre o imperfeito.

Tudo isso se estabelece sem as cortinas do teatro, que, vestindo a quarta parede, nos lembram que ali está uma representação da vida e não a vida propriamente dita. Ao colocar nossos "heróis" e "vilões" longe das ribaltas e, sim, dirigindo seus carros, fazendo compras no mercado, ou nadando em suas piscinas, ainda que com filtros e tudo o mais, temos mais dificuldade em perceber o que é a realidade e o que é seu disfarce. Tudo faz parecer que a vida de todo mundo é daquele jeito primorosamente glamourizado, menos a nossa que insiste em ser "real e de viés", como disse Caetano Veloso.

Nós nos deixamos levar por essa lógica a tal ponto que não suportamos muito bem nossas adiposidades, nossas pálpebras caídas pelo tempo, nosso cansaço com o trabalho que se mistura com a vida pessoal, ou nossa vontade de fugir por um dia da convivência com os filhos. Pega mal termos conflitos familiares, dívidas no banco, frieira nos pés, um tempo subversivamente livre, um amor não correspondido ou uma lista de erros daqueles bem banais.

Somos impelidos a encarar o mundo através dos recortes que se sobrepõem magistrais e luminosos à nossa história, sempre cercada de realidade e pequenezas por todos os lados. Somos afeitos aos cortes simplistas, mesmo aqueles com um jeitão de *fake*, mas que são mais palatáveis que as intermináveis vitrines de imagens nos oferecem em larga escala e sem freios.

Há que se narrar mais e mais para tentarmos algum equilíbrio, desde quando as imagens passam a valer, efetivamente, para uma parcela considerável das pessoas, mais que mil palavras. As imagens exigem menos de nós do que as histórias. Sorvidas e absorvidas rapidamente, sem cobrar reflexões e suspeições, o excesso de imagens nos entorpece.

Alguém pode ter passado trinta anos defendendo uma ideia, mas se divulgarem um recorte feito de uma fala dessa mesma pessoa que pareça o oposto dessa longa trajetória, num estalar de dedos, ela se converte no inverso do que ela mesma levou décadas para construir. Não temos muito tempo, interesse ou paciência para apurações, questionamentos ou aprofundamentos. De forma rápida e boiando na superfície das águas turvas de imagens picotadas, saltamos na direção do outro para, com os dedos em riste, apontar todo tipo de infortúnio que aquele recorte represente ou cause.

Nos dias de hoje, não há muito espaço para o contraditório, para as inquietações, medos ou para os nossos delírios, daqueles mais inconfessáveis. Essa tentativa de plastificar a vida insiste em ficar pairando no ar. A falta dessas ranhuras tão nossas faz com que tentemos silenciar a negatividade, as rupturas, as dores, os arremedos.

Os *influencers* dão o tom de muitas vidas, mas são dependentes dos *likes* dos influenciados; estes são, por sua vez, a régua e o compasso do *design* dos conteúdos dos influenciadores: na hipermodernidade a cobra vive mordendo o próprio rabo. Na dúvida, para não parar a roda frívola do consumo, tudo segue limpo, claro e linear, para calar o desassossego próprio das incongruências humanas. A oferta será sempre mais do mesmo, com feições falsas de novidade.

Tudo isso nos convida ao cochilo do pensamento. Perdemos a agonia da dúvida ao preço de vermos esmorecer a crítica e o alento de cogitar o improvável. Ao triturarmos as incertezas, também a transformação vira pó. Na mesma linha, ao fazermos isso, amordaçamos a palavra, desde quando sendo esta sempre incerta e aberta ao mal-entendido, preferimos o muro chapado do inequívoco: menos inventividade e mais repetição.

O escritor português Valter Hugo Mãe empresta beleza a uma dimensão dessa ideia quando diz que "a força do pensamento haverá de criar coisas incríveis, científicas, intuitivas, maravilhosas, profundas, necessárias, movedoras, salvadoras, deslumbrantes ou amigas. Pensar é como fazer. Quem só faz e não pensa só faz uma parte. Para a beleza é imperioso acreditar. Quem não acredita não está preparado para ser melhor do que já é. Até para a realidade é importante acreditar. (...) Para mudar o mundo, sei bem, é preciso sonhar acordado".[4]

Ao tentar sepultar o desconforto, próprio dos perrengues humanos, flertamos com o fim da capacidade de assombro diante da graça impura da vida. Nossa estética, tal qual nossa subjetividade, vem sendo conclamada ao igual ainda que aqui e ali testemunhemos saídas divergentes, insurgentes, que amam o desvio e o contraponto.

A mesmice distensiona, vende, unifica, assim como cala, esvazia e aprisiona. Essa positividade aproxima, envolvendo e não repelindo, mas, ao mesmo tempo, se faz monocromática, uníssona e um tanto azucrinante. Essa busca pelo ajustamento empobrece nosso olhar e encapsula pessoas na angústia de não caberem nos ditames dos corpos longilíneos, das emoções ajustadas, dos cabelos ditos "bons", do comportamento adequado.

Estamos tão colados a esse reinado da imagem e da perfeição absoluta que muitas vezes temos dificuldade de dar uns passos atrás, tomarmos alguma distância, para vermos melhor, para conseguirmos apontar algum mistério e encantamento diante do nosso existir, a partir de um novo ponto de vista.

Não é fácil, atualmente, acessarmos o plano simbólico em que nada é de fato o que é e tudo pode ser outra coisa. Estamos tão envolvidos pelas métricas das aparências que corremos o risco de nos tornarmos mais pragmáticos do que nossa necessidade de ficar na ponta dos pés para nos debruçarmos na janela da invenção. Afinal de contas, "a desmistificação torna tudo fruível e consumível", como aponta Byung-Chul Han.[5]

Há lugar para o embelezamento, para encher os olhares de maravilhas num mundo *touchscreen*, entretanto dá um pouco mais de trabalho tal alcance. Pensando bem, é fácil notar que vivemos num tempo de hiperinflação dos sentidos e de deflação do simbólico. Somos invadidos por uma horda interminável de estímulos sensoriais e temos mais dificuldade de imaginar, criar ou transcender.

Até bem pouco tempo atrás, todas as informações que chegavam até nós advinham de uma narrativa da oralidade ou de um suporte de papel branco com umas letrinhas escritas em preto, recursos pobres do ponto de vista sensorial de modo a reservar um lugar central ao poder da imaginação. Hoje, ao contrário, somos inundados por tantos apelos sensoriais que o fluxo imagético atropela o simbolizável da vida.

Tudo tenta ser tão atraente, ao se converter em um espelhamento límpido de nós mesmos, de nossa expectativa, que silencia as desconcertantes contradições. Como os deslocamentos irrevogáveis que o diverso propõe são cada vez mais raros, plantar o insólito nos terrenos do improvável depende cada vez mais de uma escolha consciente por acessos, conteúdos e estéticas que nos provoquem, que nos mudem de lugar.

Talvez caminhar por outras ruas, provar sabores diversos, escutar atentos novos dialetos, e assim rasgar a repetição, seja um jeito atual de, paquerando o contra-hegemônico,, nos fazermos diferentes.

Romper com essa lógica, causa, não raro, inquietação, instabilidade e desconforto, mas liberta e nos conecta com a essência da nossa condição humana: o encontro com o outro. Precisamos dessa negatividade, dessa alteridade, desse outro não-eu que nos confere existência, que espelha nossa vida em seus olhos para nos fazer existir.

> Precisamos desse outro, que espelha nossa vida em seus olhos para nos fazer existir.

Existimos justamente na medida em que alguém nos mostra que existimos. A aposta de alguém na nossa existência nos faz sermos gente. Há sempre alguém, que é outro, que nos confere as chaves da humanidade e assim nos convencemos, uns aos outros, que fazemos parte dela.

A diversidade é nossa essência enquanto humanidade. Alteridade é o sol que ilumina nosso existir. A mesmice algorítmica não nos representa. O encontro com o outro da diversidade faz como a arte: nos apresenta algo que nem sabíamos que existia, que nunca desejamos e isso funda nossa existência e, também de alguma forma, o nosso desejo. É graças a essa diversidade que nos movemos por sobre a vida e com ela, tijolo a tijolo, construímos a humanidade.

O mito da independência

Não sou do samba, nem sou do rock
Minha tribo sou eu
"Minha tribo sou eu", de Zeca Baleiro

Na atualidade, vivemos caindo na cilada do mito da independência. Nos dias de hoje, numa reunião de escola em que pais e professores se encontram para traçar os rumos do futuro da nova geração, haverá provavelmente um coro dos contentes defendendo a necessidade de que os pequenos conquistem a independência e a felicidade. Dois valores máximos do nosso tempo atual, que perseguimos sem cessar, como o coiote atrás do papa-léguas no famoso desenho animado. Ocorre que isso é triplamente impossível.

Em primeiro lugar, porque a independência total não existe. Todo humano é essencialmente interdependente. Precisamos do outro para existir. Nossa condição biológica, psíquica e social nos obriga ao encontro como via única da nossa existência. Precisamos de carinho, cuidados, alguém que nos alimente, nos ensine as palavras, que construa conosco vínculos para que possamos existir em qualquer uma das instâncias da vida. Nada em nós garante que existamos de forma independente; ao contrário, tudo o que nos forma está enraizado no vínculo. São essas raízes submersas que nos garantirão crescer e vencer desafios, balançando para lá e para cá perante ventos brandos ou diante de vendavais sem nos despedaçarmos. Nossa dimensão comunitária é o que nos faz humanos, nos tornando capazes de lidar com nossas adversidades e de viver nossas maiores satisfações.

Em segundo lugar, uma vida boa – feliz e saudável – não se constrói na repetição de uma linha de montagem em que cada um cuida de si. Um longo estudo da Universidade Harvard sobre a felicidade conduzido por Robert Waldinger e Marc Schultz nos mostra que uma vida boa será sempre uma vida complicada para todos nós. A conclusão é que a vida será alegre e cheia de desafios, conjugando sempre amor, dor e, fundamentalmente, encontros.[6]

Turbulenta, a vida boa ocorre processualmente e cheia de vaivéns, piruetas incríveis coexistem com quedas desastrosas. Waldinger e Schultz dizem que a vida, mesmo quando é boa, não é fácil. Simplesmente não há como tornar a vida perfeita e, se houvesse, não seria boa. A vida boa é rica, colorida e interessante, sendo alinhavada por entre percalços, desvios e armadilhas. Ou seja, a analgesia constante da vida não a faz melhor, segundo esse estudo, o mais longo sobre a felicidade de que temos notícia. Precisamos de pessoas para viver uma vida rica, no sentido mais amplo e plural do termo.

Em terceiro lugar, vemos que o mesmo estudo conclui de forma contundente, no transcurso de quase oitenta anos de pesquisas, que o que faz as pessoas serem felizes não se lastra por sobre os alicerces do sucesso, não está abrigado nos brilhos da fama, ou repousa sobre um vultuoso volume nas contas bancárias apenas. Para este estudo, a variável mais definitiva para a felicidade, com impactos diretos na saúde, são os bons relacionamentos humanos. Construir bons relacionamentos

> Viver sem ter a quem
> dar as mãos
> é viver pela metade.

ao longo da vida faz as pessoas se sentirem felizes mais do que qualquer outra coisa. Da mesma forma, não poder gozar de boas relações adoece as pessoas e implica riscos graves para a saúde. Ou seja, independência e felicidade não se conjugam juntas numa mesma frase. Viver sem ter a quem dar as mãos é viver pela metade, extirpando justamente sua melhor parte.

Nós, humanos, existimos, antes de nascer. Nossa existência não começa no plano biológico do nascimento através do parto. Muito antes, nosso existir acontece sobre marcos simbólicos. Nossa primeira cama é feita de palavras. Desejos, expectativas, medos, dúvidas, sonhos daqueles que nos antecedem são nosso DNA simbólico, não há quem escape disso. Se aqui estamos, é à custa da preparação de nossa vida por parte de alguém, ainda que nossa história seja de abandonos, fugas ou silêncios. Mesmo a pior das histórias é uma história e como tal pode ser recontada.

Há sempre um enredo que nos precede e com o qual vamos ter que lidar a vida inteira, mais intensa e vividamente, ou de forma mais suave e translúcida, beirando o imperceptível. Não importa, sempre teremos que nos defrontar com os intertextos da nossa existência que vem de antes do nosso nascimento, não como uma pecha ou um roteiro definitivo, mas como insumo das nossas invencionices pela estrada da vida.

O que nos humaniza é sempre algo imperfeito, ondulado, tortuoso. Nosso caminho é mais trilha – buracos, sinuosidades e árvores caídas atravancando a estrada de terra batida – e menos autoestrada previsível, acinzentada e quase sem curvas. Nosso caminho sempre é o outro, o diverso, o altero. Somos feitos dos outros e dos efeitos de suas marcas em nós.

Por isso, a nossa imperfeição é perfeita em certo sentido. São os solavancos da imperfeição dessas narrativas, advindos de seus furos, que nos formam e nos conferem uma existência singular. Graças a eles podemos construir algo autoral, inédito, curiosamente nosso, aquém e além daquilo que nos forjou. É aí que nossa dança começa: onde está escrito dois para lá e dois para cá, podemos ler piruetas e rodopios. Ensaiando o nosso duplo mortal carpado do existir, errando e acertando muitas vezes, vamos inventando nossa coreografia do possível. Se vivêssemos sempre no espelhamento do igual, estaríamos até hoje repetindo a mesma dança, com seus passos vazios desenhados por alguém. O que nos falta é o que nos movimenta.

O que nos falta é o que nos movimenta.

Sem amar o diverso, coisificamos nossos dias, deixamos tudo objetificado. Nesse panorama monocromático, vamos preenchendo de cimento a nossa alma, que vai ficando imóvel, endurecida. Tudo em nós fica gris, rígido e igual. Resta-nos, diante desse empobrecimento, mimetizarmos os objetos ou nos agarrarmos aos desígnios previsíveis do biológico, apagando nossas marcas criativas e transformadoras de realidades.

O fazer das coisas é diferente dos fazer das pessoas. As coisas quando nascem inauguram sua existência a partir da sua melhor versão, perfeitamente produzida. A estreia das coisas é arrebatadora. Uma cadeira sai da fábrica perfeitinha, linda e funcional, conforme as métricas do controle de qualidade. Daí, nós, humanos, começamos a usar essas coisas e isso muda tudo.

Arrastar, puxar, sentar-se, subir para trocar uma lâmpada são ações que vão fazendo da coisa cadeira algo que progressivamente se deteriora, a ponto de um dia virar uma sucata. Ao deixar de cumprir sua função, ela vira lixo e deixa de existir como cadeira. A curva de existência das coisas é descendente: parte-se da sua melhor versão em direção à derrocada absoluta e, por isso, sua conversão infalível em descarte é sempre certa.

A curva de existência dos humanos é traçada sobre outras linhas. Nascemos precários e incompletos, morremos precários e incompletos. Somos um tipo de ser vivo que depende muito do outro para viver. Um bebê humano que não for cuidado por um longo tempo provavelmente morrerá ou terá importantes prejuízos no seu desenvolvimento: os danos serão notórios. É a conexão entre humanos que nos salva.

Um bebê humano depende tanto do ambiente e dos outros humanos que cuidam dele que essa interação terá o poder de mudar sua arquitetura cerebral. Desde que nascemos, temos disponíveis zilhões de conexões neuronais. Ao longo dos primeiros anos de vida, elas aumentam até chegar a um ponto em que é necessária uma seleção de quais permanecerão consolidadas, mais robustas, e quais deixarão de existir por um processo de poda neuronal. Quem decide isso é o ambiente e a qualidade das suas interações com os pequenos. Portanto, além de garantir a quantidade adequada de proteínas e gorduras a um bebê humano, cuidar da qualidade dos seus vínculos é algo decisivo para nós enquanto humanidade.

Nascemos com alguns itens de fábrica. Por exemplo, a capacidade de enxergar o suficiente para criar vínculo com o olhar daquela que nos amamenta, a frequência do choro para não passar desapercebido por outros humanos, assim como a velocidade da aprendizagem vertiginosa que ocorre nos primeiros tempos de vida. Para além dessas garantias mínimas, o que resta é a necessidade de inventarmos para sempre a nossa vida individual e coletiva.

Somos diferentes das coisas, pois a nossa curva de existência vai de uma versão incompleta ao nascermos para outra também incompleta ao morrermos. Nossa história é sempre outra, sempre capaz de mudar. O nosso fazer é ascendente, espiralado e transcendente. Precisamos nos reinventar a todo tempo e podemos sempre aprender algo novo, enquanto estivermos vivos. Claro que fazemos isso mais velozmente quando somos mais jovens do que quando estamos mais velhos, mas é próprio do humano o desequilíbrio que produz as dinâmicas da aprendizagem.

Para Hanna Arendt, a objetividade das coisas serve para estabilizar a inconstância irremediável dos humanos. Ao apresentar uma estabilidade em sua identidade, as coisas se distinguem em definitivo de nós e, mais ainda, servem para nos sentirmos à vontade diante dos ciclones de nossas diárias modificações íntimas. Diz ela: "são a mesma cadeira e a mesma mesa que aguardam, como familiaridade permanente, os humanos que se modificam a cada dia".[7]

Para Byung-Chul Han, nem as coisas atuais nos oferecem seu afago de estabilidade. Defende o filósofo que, se as coisas são exauridas e consumidas velozmente nessa obsolescência programada, isso faz com que elas percam sua possibilidade de oferta de uma estabilidade plausível.[8]

Com o advento do crédito, nossa relação entre falta, esforço, sacrifício e realização mudou. Minha avó provavelmente teve que lavar muita roupa no tanque até conseguir juntar dinheiro para comprar uma máquina de lavar roupas. Ou seja, nos conectávamos com a falta, com o esforço de lavar roupas à mão, como condição de materializarmos nosso desejo de conforto. Atualmente, entramos numa concessionaria de automóveis e, se houver alguma comprovação de renda compatível, assinamos uns papéis para comprarmos um carro que não será nosso e, sim, do banco. Rodamos com esse carro por aí durante algum tempo e passados alguns anos, mesmo sem quitar o débito, ofertamos esse carro como entrada para um novo automóvel que será novamente financiado. Ou seja: dirigimos carros que não nos pertencem e seguimos pagando por eles mesmo sem que nunca sejamos proprietários em definitivo.

Para que essa lógica siga ativa e, por suposto, para que abundem os lucros, esses carros devem ser trocados sempre, tornando o tempo ou qualquer mínima falha uma imperfeição insuportável e incorrigível.

A busca pela excelência a qualquer custo faz com que as imperfeições virem motivo de descarte e não um sinal de alerta a um possível ajuste. Não consertamos quase nada na atualidade. Eletrodomésticos, relacionamentos ou um trabalho ruim caem na vala comum da troca, do fim, do lixo. Tudo que dá sinais de falha deve ser descartado e trocado por algo melhor, o mais próximo possível da perfeição.

Pensemos no mundo do trabalho, a título de exemplo. Se antes havia transição de carreira, hoje é o próprio trabalho que é transicional. Ou seja, antes a pessoa tinha uma profissão estabelecida de forma clara e com pilares formativos sólidos; diante de demandas pessoais, laborativas ou mesmo contextuais, esse profissional fazia novas formações teóricas ou técnicas e então operava um trânsito um tanto linear sobre o qual se debruçava sua carreira. Atualmente, a transição é constante, vez que as formações e os ofícios estão em franca mutação, quase sempre requerendo pluricompetências e estando sob significativa ameaça de deixar de existir nos moldes já conhecidos. Vivemos uma constante transição.

Novos cenários se impõem a todo momento e novas habilidades nos são exigidas. Isso nos faz crer que não somos suficientes para aquilo que estamos fazendo, com o que estamos trabalhando ou mesmo para nossa identidade profissional.

Se antes estávamos fincados na certeza de um conhecimento sólido que nos dava lugar de fala, hoje estamos mais frágeis e com a constante sensação de que não damos conta do recado. Vivemos, como um corte aberto na carne, a face mais cruel da imperfeição, aquela que não nos acalanta, mas nos impinge uma sensação de fracasso e de incapacidade.

Por outro lado, é também essa inconstância que nos faculta inventar fazeres inéditos e rever nossas certezas profissionais, abrindo brechas ao possível e, a um só tempo, agigantando dificuldades. Aceitar falhar em um tempo em que impera a busca pela perfeição e do qual não sacamos os insumos para consolidar nossa identidade é de fato um imenso desafio.

Nesse mundo em que nem as coisas nos ofertam o lugar comum, muitas vezes tentamos fazer de nossas ações e afetos uma paragem. Buscamos hoje a repetição e a mesmice talvez por perseguirmos alguma calma e previsibilidade. Entretanto, o fazer das pessoas é sempre a variação. Num mundo em que todo fracasso é sempre fruto de falha pessoal, vivemos temendo o olhar de julgamento dos outros. Tememos o risco da superexposição de nossos equívocos. Não há saída: precisamos do olhar dos outros para sabermos sobre nós mesmos.

Somos mutantes, um tipo de bicho que é obrigado a criar na vida a todo tempo. Outros bichos ao nascerem não estão marcados por histórias que os precedem. Os filhotes não humanos, em geral, não precisam de tanto auxílio para edificar o seu existir. Esses bichos não vivem dúvidas, cumprem o rito biológico de comer, reproduzir e morrer. Fazendo isso mais ou menos da mesma forma há séculos e séculos, esses bichos não vão à lua, não escrevem poemas, não sofrem por amor. Vivem uma vida segura, estável e um tanto monótona, sob o desígnio previsível do biológico.

Nós, humanos, somos antinaturais. Não temos só fome, temos fome de alguma coisa. Não estamos regidos pela lógica das necessidades, somos mais complexos e curiosamente estranhos. Ou seja, não é só a ordem biológica que manda, embora ela tenha um papel importante na nossa vida. A batuta que faz a regência da nossa orquestra desenha sempre insuspeitados movimentos no ar.

Toda vida humana é ficcional, sempre inventada, criada, contada e recontada inúmeras vezes, sempre em polifonia.

Nossa maior alegria é também nosso calcanhar de Aquiles: nada está seguro ou absoluto, e tudo, menos a certeza da morte, pode variar e mudar ao sabor das contravoltas da imaginação, da criação e das nossas escolhas. Vivemos uma vida mais incerta, sem a garantia da programação biológica, mas ao mesmo tempo podemos ter arte, aviões, vacinas, sonhos. Nós choramos de alegria ao ouvir uma música, sofremos numa peça de teatro, voltamos no tempo ao sentir um perfume, damos os pêsames num casamento e morremos de vergonha por isso. Somos invadidos, queiramos ou não, a todo tempo pelo intangível que está fora do nosso controle. Esse intangível é em certa medida sempre coletivo.

Se o mundo contemporâneo tenta tamponar essa dimensão, resgatá-la como metáfora da nossa existência e da nossa humanidade é refazer um pacto com um coletivo mais sensível e, por isso mesmo, mais possível e menos destrutível. Suplantar a dimensão da sensibilidade nos caminhos da nossa atualidade é cortar, em certa medida, a nossas raízes de humanidade.

Estamos diante de uma comunicação que se faz sempre muito visual, porém polida, lustrosa, feita para ficarmos embevecidos de nós mesmos como o Narciso pintado em torno de 1599 pelo italiano Caravaggio. Na obra, vemos um jovem absorto por sua imagem refletida na água límpida, quase como um duplo óbvio, diretamente replicado, apaixonante. Entretanto, o pintor cria uma pequena espuma com tinta branca, quase imperceptível, anunciando que há sempre uma fronteira, em geral menos óbvia ou explícita, entre a realidade e sua representação. Essa fronteira, na atualidade, somos nós quem temos que construir, com esforço e coragem.

Waldinger e Schultz apontam que olhar a vida através das lentes multicoloridas das imagens, sem buscar a fronteira entre a representação e a realidade, nos faz desacreditar numa vida boa de verdade para cada um de nós e para todos.[9] Corremos o risco, assim, de acreditar que a vida boa é privilégio dos outros, que não se encaixa no meu calendário tão típico, normal, comum. A grama do vizinho parece sempre mais verde e insiste em nos lembrar do nosso gramado ressequido aqui e ali. A nossa própria existência parece não caber no brilho das imagens das tantas outras vidas que olhamos sem parar.

Nosso cotidiano não se espelha na ideia que criamos como modelo de uma vida feliz. Inventamos uma vida como deveria ser para se fazer sinônimo de felicidade, mas de fato o que os autores concluem é que o cerne disso está longe desse padrão frio e produzido, sendo as redes sociais um grande exemplo.

Se cremos que nossa vida é confusa o bastante para não se encaixar nos moldes da vida boa e feliz que as imagens vendem, é justamente nas nossas entrelinhas mal traçadas que podemos construir alguma felicidade possível. Essa construção complexa somente se faz possível se fizermos juntos e, muitas vezes, de forma bem simples.

Isso ocorre, pois, nesse tipo de comunicação que se dá como o ar que a gente respira, pairando sobre todas as coisas como uma bruma fresca, não há distanciamento efetivo entre a realidade e sua representação. Tudo se confunde e nos deixa, também, confusos. Não sabemos ao certo se o que vemos na rede social ou na propaganda é realidade. Há momentos que conseguimos separar o joio do trigo, mas em outros, infelizmente em bem maior número, não achamos a espuminha branca e fina que faz as vezes de fronteira.

Tudo é feito de tal forma para acender o nosso olhar que temos a dificuldade de ver. Isso conversa com a incrível obra de Margo Glantz.[10] Com mais de noventa primaveras vividas, a escritora mexicana inventa um novo jeito de fazer um livro e ao mesmo tempo descortina a enxurrada de informações a que estamos submetidos na atualidade, retirando – do livro e da vida – o fôlego da pausa. O livro é escrito num único parágrafo de mais de duzentas páginas e se compõe da junção ininterrupta de coisas profundas e emocionais, com outras banalizadas pelo ordinário. Une riso com lágrimas, dor com alegria, rasteiro com as profundezas do fundo do mar.

Tal e qual um nocaute, o livro nos pergunta, como se estivesse nos olhando no fundo dos olhos, de forma tão direta quanto desconcertante: ao ler as notícias, como decidir o que é importante? Um dos maiores sintomas do nosso tempo presente serve como metáfora para a nossa abrasada trajetória na atualidade.

É nesse movimento basculante de mostra e oculta, aparece e desaparece, está e não está, que ficamos com os olhos vidrados tentando capturar tudo enquanto somos propriamente capturados, e por vezes petrificados, ficando imóveis. Mesmo o que não é belo vira produto. O escárnio sangrento de alguns dos telejornais mais sensacionalistas serve para atiçar nossa audiência pelo temor e ao mesmo tempo pelo alívio de não sermos nós na tela avermelhada por tanta violência.

Viver na cegueira do controle termina por silenciar o que é misterioso, trazendo toda a realidade sob o banho de uma luz fria. Somos obcecados por dados, certezas, provas científicas. Não há nesses campos os muitos lados, as ambivalências, as obscuras inconformidades. Buscamos a certeza do que está provado por A mais B. Estamos diante de uma tentativa de estancar o fluxo caudaloso do inexplicável.

Desse modo nos colocamos do lado oposto daquele por onde a palavra caminha e, às vezes, tropeça. Essa, por sua vez, sempre imprecisa, meio suja e incerta, nos convida a um tipo de deslize, quase erótico, em que o que atiça é a imperfeição da vida, meio vista e meio oculta, um tanto que mostra e outro tanto que esconde. A solidão é um tipo de silêncio ensurdecedor. A palavra, por seu turno, sempre abre os braços ao mistério e aos outros.

Daí nasce o ímpeto da descoberta, da retirada dos véus. Uma vez que todos os véus parecem ter caído, o que nos sobra é a fita métrica das medidas ou a lógica binária das programações. Por isso, para Han, "a comunicação atinge sua máxima velocidade quando o igual reage ao igual". Ficamos, desse modo, mais pobres no sentido dos símbolos, dos ritos e de suas poéticas. Assim, estaremos cada vez mais isolados em nós mesmos e distantes dos que nos cercam.

Ilhados em nós mesmos, fechamos os olhos à beleza e nos aprisionamos à repetição maquinária. Ao contrário, quando fazemos circular a palavra, elo que nos leva – ainda que de forma incompleta – ao outro, tudo pode se abrir como uma planta ao sol. Palavrear nossa vida é uma forma de nunca estarmos sós, damos sentido ao vivido na direção de um outro que nos escuta, ainda que este jamais nos consiga entender por completo. O disparate, próprio de quem conversa, é nossa imperfeição e nossa salvação: é por ele que seguimos contando e recontando, para todo o sempre.

A palavra, nascida antes de nós, costura a humanidade. É ela que nos enlaça para sempre com outros humanos, nos ensinando a ser gente. Seu fazer sutura uma possível fissura entre os humanos, tornando-os interdependentes para todo o sempre. Somos vínculo. Somos laço. Se há humanos e se há humanidade, é lá onde existem uns dependendo dos outros. Cabe a nós acharmos um jeito criativo de convivermos mais e melhor.

Um lugar para as nossas dores

Tire seu sorriso do caminho
que eu quero passar com a minha dor
"A flor e o espinho", de Nelson Cavaquinho

Diante do seu cenário caoticamente frenético e constantemente passageiro, a atualidade nos exige por vezes fechar os olhos. Olhando para dentro, revisitamos a casa da nossa subjetividade. Muitas vezes olhar para dentro é o caminho para o encontro com a gente mesmo e com os outros. Julia Kristeva, filósofa e psicanalista búlgaro-francesa, defende que as novas doenças da alma se dão pelo deserto que vimos ser transformado o nosso mundo interno atualmente.[11] O excesso de exterioridade é um robusto anteparo que dificulta esse mergulho nos meandros de nós mesmos.

Vivemos, a um só tempo, muito afoitos em olhar para fora, assim como em enxergar a nuances da vida por detrás das grades, por vezes invisíveis, da prisão que é autocentramento. Estamos desaprendendo a olhar para o nosso mundo lá de dentro. A condição de estarmos autocentrados não implica uma conexão e revisão do que sentimos, daquilo que habita nossos espaços subjetivos mais reservados. Ao contrário, tentamos tanto perceber o mundo pelas nossas lentes que enferrujamos nossa autorreflexão. Ficamos vidrados no nosso próprio umbigo e desesperados para mostrá-lo para o mundo.

O quintal da alma é o palco dos afetos e de seus mágicos labirintos. Olhar para dentro é sempre um encontro marcado com a incompletude imperfeita. Por isso, às vezes, esse *match* com a gente mesmo se revela algo um tanto desconfortável, mas também potencialmente transformador.

A nossa sociedade atual detesta o desconforto. Nós buscamos o sentir-se bem infinitamente e muitas vezes a preços subjetivos e coletivos muito altos. Vivemos buscando objetos ou ações que nos confortem a todo momento. Remédio para aquietar e outro para acelerar, truque para emagrecer mais rápido, escadas rolantes que sobem os degraus por nós, controles remotos para ficarmos colados ao sofá, uísque para relaxar, *shopping* para espairecer, o resumo do resumo do resumo para ler, vídeos curtos para entreter. Suportar o esforço, a dor, o desconforto é algo difícil para quem vive na garupa das analgesias do existir contemporâneo. Tudo isso nos afasta de nós mesmos e pauperiza a nossa vida.

Lá por dentro, nos descaminhos do nosso sentir, nos encontramos com verdadeiras preciosidades, mas que sempre se revelam misturadas com alguma dor. Ao visitarmos nosso relicário afetivo, nunca escapamos de esbarrar com alguma ordem de sofrimento: um arrependimento, uma vergonha, uma mágoa de amor. Esse encontro que se faz inescapável é justamente o avesso da tentativa social de silenciar o desconforto daquela pedra pequenina que se esconde entre o nosso calcanhar e o sapato. Vivemos uma tentativa descomedida de promover uma limpeza excessiva das dores de existir e isso nos torna menos familiarizados aos nossos vastos e polimorfos sentimentos.

As dores nos representam ao mesmo tempo que espelham nosso tempo. O modo de sofrer hoje revela muito de quais são as tramas de nossa cultura e como elas nos capturam. A dor é símbolo do que já vivemos, por isso toda dor é sempre singular e, de alguma forma, é de todo mundo. A dor nos une: se há sofrimento, então há humanidade.

A dor nos une: se há sofrimento, então há humanidade.

Nunca sofremos sozinhos. Todo sofrimento é social. Todo sofrimento é sempre também do outro. Os cenários, os elementos, as fontes que compõem o nosso sofrer emergem sempre da nossa cultura. Sofremos os desencontros do nosso tempo. Mesmo naquele sofrer mais íntimo, único e ímpar, aquele que ninguém mais sente como nós, seu contorno é filho do tempo e da cultura, que lhe dão forma e direção.

O tempo atual nos faz crer que, ao revés, somos nós os causadores e únicos responsáveis pelo nosso sofrer. Tentando desfiar os alinhavos do coletivo das nossas dores, endeusamos o individual e, numa só tacada, fissuramos nossa melhor forma de transmutar o sofrer: dar-lhe contexto, conexão e elaboração. Mesmo quando conseguimos fazer isso aparentemente sozinhos, sempre o fazemos conectados a uma rede simbólica que nos sustenta e que é costurada perpetuamente a muitas mãos. Sofremos no plural e saímos de todo e qualquer sofrimento também coletivamente, ainda que o façamos de modo absolutamente único.

As dores são também parte do que somos. O lugar lá onde o nosso calo aperta revela muito de quem somos. Sofrem os que vivem, com tudo o que há para se viver. Sofrem os que ousam os abismos e as tormentas. Sofrem os que aceitam a impermanência típica de todo movimento. A dor é um tipo de álbum de fotografias das nossas experiências difíceis, que são tão importantes quanto os nossos contentamentos. Elas, as dores e as alegrias, nos fazem encontrar nossa porção mais gente, social, humana. Afinal, somos feitos de afeto. A argamassa da nossa casa psíquica é a afetividade. Os afetos ligam tudo a tudo.

Com isso, não há aqui uma defesa de se viver mergulhado numa dor tão espessa por entre a qual não passe o ar fresco do alvissareiro. Ao contrário, a melhor forma de fazer a dor seguir sua viagem é aceitar o seu percurso, viver dentro dela o tempo necessário para a construção de uma rota alternativa. Nesse nosso caminhar podemos então seguir em paz com suas, por vezes inescapáveis, cicatrizes.

O direito ao sofrer, pelo tempo necessário de cada um, encontra obstáculos na sociedade do espetáculo, da produtividade e do desempenho. Nesse contexto, a resiliência seria uma forma de poder converter o sofrimento em uma espécie de ativo da produtividade: fazermos depois disso algo melhor e mais eficiente. Sofrer pega mal, gasta tempo e nos obriga a olhar para dentro.

Tomemos o choro como exemplo do nosso desconforto atual com as expressões de nosso padecer. Se observarmos bem, veremos o quanto estamos socialmente ao mesmo tempo despreparados para acolher e prontos para silenciar os alaridos do nosso sofrimento, cujo choro talvez seja um dos mais relevantes emblemas.

Chorar, como símbolo dessa nossa dimensão humana, nos soa estranho atualmente. Deslocando-nos da corrida frívola do dia a dia, seja em gotas como pingos de chuva fina ou caudaloso como um largo rio, o choro convoca os arredores a prestar a atenção em nossas emoções. Todas as faces do nosso sentir podem estar ali explícitas: choramos por dor, alegria, medo, beleza, ternura, angústia, piedade, prazer... São infinitos os sentidos de uma lágrima. Chorar é sempre noticiar o extenso campo das emoções que habita em todos nós.

São infinitos os sentidos de uma lágrima.

Ao chorar, esquecemos os ponteiros do relógio e mergulhamos no tempo da subjetividade e, em ato, damos curso ao que as redes de palavras por vezes não conseguem abarcar. Chorar deveria ser um direito inalienável, uma expressão inequívoca da nossa humanidade. O choro deveria contar sempre com um afago compreensivo que não o apresse, que não o silencie e que jamais o diminua.

Muitas vezes são as lágrimas aquelas que enchem o poço profundo em que estamos presos ao sofrimento e nos fazem, pouco a pouco, emergir em direção à luz que brota tímida desde a saída. Cada pranto precisa fazer-se desaguar em um certo número de lágrimas e o faz num tempo que também é único. Cada um sabe o tamanho da sua dor e a necessidade que ela tem em confluir junto às águas salgadas da transformação que o pranto faz. Muitas vezes chorar é como tomar um banho de mar: lava a alma.

Para além dos benefícios fisiológicos, que são amplamente conhecidos, o choro é como a arte, um jeito de comunicar sobre o indizível, um modo de colocar para fora do corpo o campo das emoções, dando-lhes uma nova direção. Ao arranjar essa expressão, o sofrer agora explícito, revelado, nos ajuda a fazer as pazes com o que sentimos. Chorar é dar materialidade líquida às dores do nosso existir, transmutando-as em um estado de arte, pois nos convoca à modificação da própria realidade, emprestando um tom mais suportável à dor.

Por tudo isso, ao ouvirmos um pranto, cuidemos dele como quem zela por uma pintura ou ouve uma canção. Ao fazer isso, além de respeitar quem chora e acolher suas dores, ainda temos a possibilidade de sairmos marcados por essa experiência de cuidado de tal modo que nunca mais seremos os mesmos, tal qual quando nos deparamos com as obras de arte que dizem para além do dito e do explícito, proferindo coisas que jamais ouviríamos alguém falar.

Diante do modo como construímos nossa vida em sociedade no contexto atual, chorar é um ato de coragem. Assumir-se frágil e vulnerado por um sofrer qualquer é como se fosse um atestado de nossa falência prática. Vivemos obcecados por apresentar ao mundo os sorrisos, as conquistas, os sucessos: toda chatice que a glória sem fim empresta à vida dos de carne e osso. Tudo que sirva de referência para o contrário disso, como é o caso do choro, é algo que deve ser ocultado e evitável. É como se além do sofrimento em si tivéssemos que lidar com o fato de sofrermos por estar sofrendo.

Para Byung-Chul Han, a sociedade paliativa, aquela que faz de tudo para eliminar a dor, se mistura com a sociedade do desempenho.[12] Isso ocorre quando a dor se transforma em sinal de fraqueza, o passo em falso da performance que deve ser erradicado, escondido, silenciado pela otimização do viver.

Na sociedade da curtição, tudo precisa se voltar na direção do pleno bem-estar. O *like* é o analgésico do presente, não estando mais restrito às redes sociais, senão amplificando-se a todas as dimensões da nossa cultura. Para Han, a vida hoje é instagramável, ou seja, isenta de conflitos, ângulos estranhos, feiuras, contradições ou tensões. A obsessão pelo instagramável é uma forma de tentar calar as nossas incongruências de existir, numa tentativa de fazer o perfeccionismo da imagem ganhar do nosso jeito claudicante de viver.

Nosso sofrer é hoje um tipo de escândalo. Para fazê-lo calar vale quase tudo: medicalizar, fechar os olhos e os ouvidos às dores alheias, fugir de nós mesmos. A ideologia do bem-estar a qualquer preço, cuja hiperinflação é o hedonismo contemporâneo, ironicamente nos cobra um alto preço subjetivo: ficamos incapazes de lidar com as dores e obcecados por prazeres sem limites, diminuindo nossas parcas garantias de alguma felicidade e afiançando o aumento de nossa tristeza.

O imenso escritor brasileiro Machado de Assis em seu Brás Cubas quis inventar um jeito de aliviar as dores humanas: "Essa ideia era nada menos que a invenção de um medicamento sublime, um emplasto anti-hipocondríaco, destinado a aliviar a nossa melancólica humanidade".[13] Tentar sofrer menos com o jeito inerente ao nosso viver está em nós desde sempre. Fruição da alegria, alívio da dor, regozijo com o vivido são compostos da nossa luta diária na vida desde há muito. Entretanto, a busca sem freios e paragens para o prazer superescalonado e mirando o infinito tem lá seus altos riscos.

Anna Lembke, psiquiatra e autora do livro *Nação dopamina*, escolheu a balança como metáfora para falar da relação entre prazer e sofrer.[14] Essa balança metafórica busca manter-se nivelada na linha do equilíbrio. Sendo assim, sempre que pende muito para um lado, por mecanismos compensatórios que nos são próprios, tratamos de pôr ênfase no lado menos pujante. Todo esse mecanismo autorregulatório não transcorre sobre as vias da vontade ou nos caminhos dos pensamentos intencionais, ele ocorre por reflexos que não controlamos diretamente.

Numa sociedade hedonista, que trata a dor como algo a ser eliminado, pela lógica apresentada acima, as águas do prazer não deságuam na felicidade sem limites, mas, paradoxalmente, confluem para a maré da anedonia – a incapacidade de sentir prazer – e desembocam no oceano da infelicidade: um insuportável vazio.

A busca desmedida pelo prazer nos faz sofrer e retira de nós a satisfação com coisas simples, como uma manhã de primavera, um tanto de água gelada numa tarde quente ou um cobertor macio em dias de chuva e frio. O hedonismo e o silenciamento da dor é o caminho mais rápido para o sofrer e para a insatisfação, na pior versão possível dessa palavra: aquela que nos deixa sempre com um gosto amargo de decepção na boca.

Segundo Anna Lembke, a ciência nos mostra que todo prazer cobra uma conta e que o sofrimento advindo dessa fatura persiste em tempo e em intensidade de forma mais significativa que o prazer que o originou. A exposição prolongada e constante a estímulos que fornecem gratificações imediatamente prazerosas, traduzido por essa busca sem freio do prazer e pelo encapsulamento da dor, apequena nossa capacidade de lidar com o sofrer e dificulta nossa possibilidade de nos sentirmos bem diante de estímulos menos exuberantes, precisando sempre de mais e mais gratificações imediatas.

O hedonismo contemporâneo nos convida ao excesso de prazer, mas nos coloca diante do tédio e da sensação de infelicidade. Experimentamos cada vez menos prazer à medida que buscamos o mais além do prazer e negamos a nossa dorzinha de cada dia.

Superlativar o prazer é construir uma avenida na direção da negação do sofrer como parte inerente à vida humana. Ao mesmo tempo, é uma espécie de túnel, por isso menos explícito, que nos distancia da tão sonhada felicidade. Poder admitir que sofrer faz parte da saga humana favorece uma aprendizagem sobre como podemos lidar com os nossos sentimentos e emoções.

Essa assunção oferece um lugar central à dimensão das emoções, o que permite que a dor caiba no ritmo da vida. Isso nos reconcilia com um modo de viver que se põe sempre nesse movimento de vaivém, tudo temperado por esse vasto campo dos afetos, do qual a dor é inquilina. É dessa perspectiva que sacamos as melhores ocasiões de encontrarmos alguma graça nas desventuras inerentes ao viver, ainda que, de vez em quando, as lágrimas sejam parte inseparável dessa nossa incrível aventura. Às nossas dores humanas deixemos um recado: nem nunca, nem sempre.

A vulnerabilidade como caminho para a humanidade

Já de saída a minha estrada entortou
mas vou até o fim
"Até o fim", de Chico Buarque

No ano de 2018 tive a oportunidade de ver uma grande exposição no Museu Guggenheim, em Nova York, do suíço Alberto Giacometti. Nessa grande exposição com mais de duzentas obras de um dos mais importantes modernistas no século XX, foram suas esculturas de figuras humanas longilíneas, simples e tão complexamente expressivas que raptaram em definitivo meu interesse. Fiquei realmente tomado pela imanência e transcendência de suas obras ao vê-las assim tão de perto. As esculturas pareciam olhar para mim enquanto era eu quem as admirava. Elas me remetiam à nossa vulnerabilidade diante dos dramas existenciais mais difíceis de serem solucionados. Eram um símbolo de nossa fragilidade e, ao mesmo tempo, tinham em si uma força digna realmente impressionante. Aquelas esculturas revelavam que havia muita força na essência de nossas fraquezas.

Brené Brown, pesquisadora que já citei aqui, põe a nossa vulnerabilidade no centro da nossa condição como humanidade. Para a autora, desconstruir os mitos que por sobre ela pairam ajuda-nos a conviver com essa nossa dimensão da vida e nos abre porteiras que são muito libertadoras. A proposta é escaparmos das armadilhas de crer que a assunção de nossa vulnerabilidade é um sinônimo inconfundível de fraqueza, desconstruir a ideia de que isso não se aplica à nossa vida, ou ainda, redimensionar a compreensão que estarmos vulneráveis significaria uma exposição absoluta da nossa intimidade. Por último, sublinhar que toda vivência de vulnerabilidade depende de diversos contextos.

A vulnerabilidade não é algo propriamente bom ou ruim. Segundo Brown, seria o epicentro de todas as nossas emoções e sensações: toda vez que sentimos algo nos conectamos com nossa vulnerabilidade. Ainda bem, pois deixar de lado as emoções por receio de encarar nossa fragilidade tipicamente humana significaria um alijamento daquilo que empresta recheio à nossa vida.

Queiramos ou não, nosso campo emocional é o que nos faz, pois ele está em tudo. Nele há sempre incertezas, exposições, alguma ordem de descontrole e imprevisibilidade, riscos, ou seja, tudo que conforma, propriamente, o campo da vulnerabilidade e, de algum modo, toda a nossa vida. Empurrar os sentimentos para debaixo do tapete da vida temendo suas agruras e os confundindo com impotência nos desumaniza em alguma medida.

"A vida é vulnerável", vaticina Brown. Ao admitirmos isso, damos a mão ao outro, que é também falho, incompleto e vulnerável. Como já disse antes, todos os humanos precisam de outros humanos. É nossa característica precisar de ajuda para existir. Não combina muito com a gente essa história de "só depende de você". Em certa medida, sempre depende de você, mas nunca depende somente de você. Portanto, toda vulnerabilidade é potencialmente um emblema da união.

A mesma autora, em outro livro, defende a imperfeição como arte.[15] O que a compõe seria: coragem, compaixão, conexão. A coragem, que como sabemos vem do coração, é uma prática. Somente se é corajoso sendo corajoso, ou seja, pondo a coragem em marcha, fazendo dela um verbo, uma ação. A coragem seria saber-se imperfeito, aceitar isso, admitir isso e buscar viver o melhor possível diante dessa incontornável condição. A coragem é um tipo de encontro marcado com a força de nos sabermos frágeis.

A coragem é um encontro marcado com a força de nos sabermos frágeis.

Compaixão seria partilhar a dor, sofrer junto, se engajar na dor do outro, dividir o fardo pesado da vida. Um escapar da nossa resposta autoprotetiva de evitação do sofrer. Sujar as mãos de dor para transformá-la em algo menos doído, mas possível e passível de mudança. A compaixão não se constrói em uma relação desigual: um que sofre e outro que cura. Ela é na verdade um encontro de pendências: eu que sofro cuido de você que sofre, ao mesmo tempo que sou cuidado por um sofrente.

Nela há de tudo um pouco: dor e empatia, temor e horror, beleza e estranhamento. Isso quer dizer que não podemos nos misturar à dor de tal modo que não saibamos diferenciar quem somos e onde ela está. Há que se colocar limites entre nós e nossas dores, entre nós e a dor do outro. Aceitar e responsabilizar são verbos da compaixão. Conhecer nossos pontos cegos, nossas dores de existir nos permite sermos compassivos com a dor de outro alguém, reconhecendo, com alguma clareza, seu endereço. Cuidar é sempre se saber também ferido.

Agindo de modo compassivo com cada um de nós e com os outros, nos sentimos conectados, vinculados a uma rede inter-humana de pessoas falíveis e nem por isso menos incríveis. Daí nasce a conexão, uma sintonia entre pessoas que se sentem vistas, e por isso reconhecem o seu lugar diante do outro e para uma comunidade. A conexão fala da força dos relacionamentos e do poder do encontro. Sentir-se parte de algo nos conforta e nos dá lugar, especialmente quando esse pertencer é livre e respeitoso, pois somente assim há propriamente a conexão. A conexão é um encontro de lacunas.

O compositor pernambucano Lenine escreveu:

Precário, provisório, perecível
Falível, transitório, transitivo
Efêmero, fugaz e passageiro
Eis aqui um vivo, eis aqui um vivo
Impuro, imperfeito, impermanente
Incerto, incompleto, inconstante
Instável, variável, defectivo
Eis aqui um vivo, eis aqui
(...) *E apesar dessas e outras*
O vivo afirma firme afirmativo
O que mais vale à pena é estar vivo

Como disse o músico, apesar dessas e outras, apesar do revés inerente ao existir, o que vale mesmo a pena é estar vivo. Ou seja, vivermos com os matizes que a vida nos entrega e nos rouba. Nesse desequilíbrio sempre cinético de cair e levantar, vamos construindo nossos dias como quem se pauta sempre sobre o traçado do incerto.

É o erro e a insistência repetitiva nele que faz de um boneco de madeira falante alguém com quem nos identificamos como humanos. Pinóquio erra, a despeito dos avisos, da moral da história, das correções constantes. Ele erra como uma aventura e, de algum modo, nos faz recordar que erramos todos, sempre.[16] Foi Samuel Beckett, dramaturgo irlandês, quem disse: "Tente de novo, fracasse de novo, fracasse melhor".[17] Ou seja, vamos admitir nossas falhas e, seguindo em frente, buscar sempre o melhor possível. Essa posição diante da vida, talvez nos seja mais útil do que viver devendo a um ideal de perfeição devastadoramente infértil, silente e intocável.

Clarice Lispector, numa carta à sua irmã Tania Kaufmann, escreveu sobre o valor estruturante do nosso desacerto, dizendo que "até cortar os próprios defeitos pode ser perigoso. Nunca se sabe qual é o defeito que sustenta nosso edifício interno".[18] Se em tudo há luz e sombra, viver fugindo das ranhuras do existir e buscando a excelência maximizada da performance diante da vida, talvez seja um convite irrecusável ao sofrer, muitas vezes nem sequer nos darmos conta disso. Quem sabe a atualidade mereça e precise de um enaltecimento da imperfeição, como escape possível do impasse entre sofrer e prazer, entre vida e morte, entre a certeza e toda centelha de transformação.

Essa modificação, nunca totalmente garantida por nossa condição biológica, revela que é preciso operações anteriores e posteriores ao nascimento para que possamos nos reconhecer como humanos. Para os demais seres vivos, mesmo aqueles que muito se assemelham a nós, o nascimento já acarreta um certo tom definitivo sobre como viverão os destinos da vida, já que o desígnio biológico dá perfeitamente conta desse tipo de recado.

Ao contrário, segundo o filósofo espanhol Fernando Savater, "nossa humanidade biológica precisa de uma confirmação posterior", algo como "um segundo nascimento", através do qual possamos garantir nossa condição de participar da humanidade.[19] Felizmente somos imperfeitos e isso é o que nos confere voos para além do provável.

Para o autor, somente chegamos à humanidade pelas trilhas de um contágio intencional com a humanidade através de um outro alguém. Nossa condição humana seria composta por uma pitada de espontaneidade advinda do natural misturada com uma porção abundante de invenção. Assim, chegar à humanidade e nos reconhecermos como humanos – bons ou maus – é sempre uma arte. Entretanto, o que de fato nos conferiria essa possibilidade de, através do encontro com o outro, atingirmos a condição de humanidade?

Nossa maior força é o acontecimento de sermos frágeis, imaturos e vulneráveis. É a nossa falta – essa parte lacunada da cartilha biológica com a qual tratamos de lidar por toda a nossa vida – que nos oferece a oportunidade de sermos o que somos. Nascemos pequenos, frágeis, e permanecemos pouco maduros por um tempo bem maior que outros animais. O que pode parecer à primeira vista uma desvantagem ou um desajeito do destino nos faz dar saltos inimagináveis quando nos comparamos a outras espécies.

O fato de dependermos vitalmente de outro humano para nos fazermos gente é o que faculta a nossa mais poderosa vantagem: o encontro. Nossos parcos insumos inatos, que convocam a nossa inescapável interação, são o que nos faz multiplicar os recursos ao longo da vida, rompendo com a barreira da estagnação. Podemos sempre aprender, nos modificar, reinventar o existir, graças à nossa fragilidade vulnerável que nos obrigou ao abraço com o outro e com toda sua bagagem de sentidos e significados simbólicos, que serão de algum modo também nossa.

Até o nosso derradeiro instante de vida, seguimos imaturos, incompletos, falíveis e justamente por isso capazes de abrirmo-nos ao novo. Para Savater, os humanos têm duas gestações: a primeira no útero materno e a segunda na matriz social que nos cria, pela qual estamos submetidos a um manancial quase infinito de determinantes simbólicos.

Efetivamente, a possibilidade de sermos humanos somente se faz possível através dos demais, mas como isso se dá de fato e no que se diferencia de outros animais de outras espécies?

Primeiramente, somos únicos devido à intencionalidade. Os modelos advindos do plano natural em outras espécies estão postos, não há esforço, artifício, invenção ou intenção de se ensinar. Cumpre-se o rito da espécie naturalmente, como um rio que corre para o mar, de forma inadvertida, calmamente reafirmando as leis da natureza. Para nós, humanos, a letra é sempre outra: há que se engendrar esforços e objetivos para nos alcançarmos uns aos outros. Como nascemos e vivemos vulneráveis, precisamos que os outros apostem na gente, queiram e busquem nossa atenção, nossa interação, nosso afeto para abrir trilhas por entre a mata densa das certezas biológicas pelas quais seja possível nos ensinar a penetrar na seara simbólica da humanidade. A intenção de ensinar como nos tornamos gente é uma aposta sem garantias absolutas na humanidade como um todo.

O segundo modo justifica a ação do primeiro. Essa intencionalidade é rebento do fato de nos sabermos incompletos: não sabemos tudo, não podemos tudo, somos imperfeitos. Sabedores da nossa condição de falta – de saber e de poder –, vivemos as ambivalências, as interrogações, os dilemas. Mais uma vez, é a nossa fragilidade que nos faz mais capazes de transcender nossos limites. Graças ao fato de sabermos que não sabemos e podemos tudo, conseguimos saber sobre o que sabemos, na mesma medida em que reconhecemos o que nos escapa. Assim, deliberamos estratégias, invencionices, criatividade para cruzarmos despenhadeiros desconhecidos na intenção de poder saber mais. Ou seja, sabermo-nos incompletos nos faz aprender, infinitamente. Aprender é, portanto, transformar pessoas e, por isso mesmo, toda a nossa humanidade.

Assumindo nossas fragilidades e intencionando criar saídas para elas através do poder do encontro entre pessoas, conseguimos um feito incrível: a imaginação. Aí está o nosso terceiro grande diferencial, nossa possibilidade de fantasiar, inventar mundos infinitos e sem fronteiras. Somos capazes de tirar leite de pedra. Vivemos intimamente uma vida de singularidades, vazios e silêncios, estando tudo isso sempre ligado a algo maior, coletivo. Esse algo é o mundo simbólico, desde onde tudo se pode criar. Nele nada é absoluto e tudo é possível.

Por isso, não seria incorreto dizer que nossas maiores conquistas coletivas e nossos maiores flagelos humanitários, nascem de nossa fragilidade. Sejamos, portanto, benevolentes com nossas imperfeições, não como um gesto de nos acomodarmos nos erros ou nas dores, mas no sentido de vivermos o que temos para viver, olhando para o que nos falta com o carinho de quem percebe ali nossa maior possibilidade de ultrapassar o óbvio.

A vulnerabilidade humana é um poderoso meio de nos humanizarmos. É ela que cria o asfalto e a flor que dele emerge teimosa e insistentemente. Como a flor feia e improvável que rompe o asfalto, nascida da imaginação do poeta mineiro Carlos Drumond de Andrade, que nos lembra que sua imperfeição é lindamente capaz de revolucionar o roteiro triste de um cotidiano áspero: "É feia. Mas é uma flor. Furou o asfalto, o tédio, o nojo e o ódio". Ela vence mesmo – e especialmente – quando é frágil e desajeitada. Com ela reafirmamos toda a nossa humanidade e sua capacidade extraordinária de se fazer "brotar no impossível chão".[20]

Vivemos em um
mundo simbólico,
onde nada é absoluto
e tudo é possível.

Amar como verbo

Eu sou o amor da cabeça aos pés

"Dê um rolê", de Luiz Galvão e Moraes Moreira

O trabalho do amor

Ajeitava o meu caminho
pra encostar no seu
"Valsa brasileira", de Chico Buarque e Edu Lobo

Somos de fato feitos de amor da cabeça aos pés, mas não sabemos muito bem o que isso realmente significa. Há sempre algo inexprimível no amor. Comumente enxergamos o amor apenas como um sentimento. Especialmente se estivermos no lado ocidental do planeta azulzinho, aprendemos que o amor é algo que nos toma e nos torna frágeis, susceptíveis a desatinos e sandices, nos distanciando do controle da racionalidade, o que por muito tempo figurou como aquilo que seria efetivamente o mais importante para a condição humana.

Desde a modernidade, fizemos do amor tema de tantos textos, filmes e canções que não se podem contar. O amor virou o grande sonho dourado de muitos de nós. Em geral repousamos sobre o amor a dependência do encontro com alguém que seja capaz de despertá-lo em nós de modo único. Uma espécie de tilintar do afeto que se dá por motivos tão diversos como incompreensíveis, mas que quando ocorre nos transforma para todo o sempre. Desde os contos da carochinha, acreditamos que, uma vez tocados pelo condão de um amor verdadeiro, tudo se transforma: feitiços se desfazem e vencemos a morte, princesas que dormiriam para todo o sempre despertam para vida, um sapo vira príncipe.

Nos desígnios do amor romântico, por exemplo, seu desenho se faz como uma expressão de algo que está em nós e que se debruça na busca sem descanso por um par perfeito. O encontro com nossa cara-metade seria a tábua de salvação da solidão fria de uma vida vazia e incompleta até esse grande momento, raro e encantado, acontecer. Esse amor não se revela assim como que por vontade, mais como num passe de mágica, uma espécie de bilhete premiado que precisa ser agarrado com unhas, dentes e as entranhas do coração.

Dada a raridade, sua aparição quase mítica serviria para nos aconchegar na certeza cálida de uma vida finalmente feliz por estar, então, completa. A alma gêmea, a metade da laranja ou o chinelo velho para um pé doente são expressões dessa arapuca que criamos e sobre a qual se plantou uma variedade de sofrimentos, renúncias e tolerâncias descabidas, desde onde, muitas vezes, o que se via era de fato o intolerável.

Já no campo da parentalidade, tomando aqui outro exemplo, o entendimento sobre amor segue lhe conferindo um lugar de sentimento que igualmente se revela. Esse amor acontece como um clarão inédito, que se faz na direção dos filhos como algo que já está posto e estabelecido seja pelos caminhos de um instinto biológico, seja pelos motivos metafísicos e religiosos, seja por aqueles advindos da nossa química cerebral. Algo "natural" que se dá entre pais e filhos, como se nessa relação houvesse uma pureza única, própria dos feitiços desse amor.

Dessa forma, o amor se apresentaria como: incondicional – portanto, aquele que escapole das variáveis condicionantes, dos contextos, dos desencontros entre essas pessoas que amam; absoluto – por isso nada o pode abalar, cindir ou fragilizar, pois ele sobrevive a tudo; infinito – emprestando-lhe uma linearidade perigosa por não refletir os cumes e depressões que esse caminho acidentado, mais das vezes, revela e que nos obrigaria a ir mudando o seu roteiro no transcurso sinuoso da vida junto aos filhos.

Esses exemplos, demonstram que, ao encararmos o amor a partir dessas perspectivas, negamos o seu caráter mutante, essencial à transmutação das relações e à nossa libertação das gaiolas que nos aprisionam em algumas expectativas que o "para sempre" nos impõe. Além disso, implodimos a ideia de que o amor é uma construção social, por isso vai se fazendo distinto com o passar do tempo, nas diversas culturas e a partir das pessoas que com ele se abraçam. De quebra, colocamos o amor como um sentimento que sempre precisa da sorte ou da natureza para se revelar, que depende do outro para ocorrer e que nos deixa desencarregados dos alinhavos diários, indispensáveis à sua costura constante na tessitura do nosso existir.

Aprendendo esse tipo de lição sobre o amor, vivemos buscando o sopro colorido desse clique mágico, que em geral depende pouco de nossa ação ou deliberação e mais de um conchavo dos astros com o destino. Os descompassos na dança da vida, quando habitam os terrenos do amor, não se dão como oportunidade de aprender algo, ou como signo de uma necessidade de mudança em nós, ou ainda como um soluço próprio dos dias incertos que se sucedem inevitáveis no viver humano; ao revés, esses percalços se dão por ainda não ter chegado a hora encantada em que essa iluminação quase divinal retumbe de forma certeira sobre nosso destino. Assim, tendemos a desconsiderar o que há de amor – e toda a sua potência – nos desalinhos que esse roteiro não consegue endireitar e que, por isso, não o percebe como algo potencialmente revolucionário.

Ao vivermos encarando o amor sobre essas miradas, que se fazem um tanto distorcidas, mitificadas e individualizadas, damos a mão ao medo de nunca sermos os escolhidos pelo golpe da sorte, ou de não sermos capazes do merecimento de tamanha iluminação, ou ainda entendemos que nosso infortúnio é irremediavelmente definitivo, estando a nossa vida fadada ao vazio estarrecedor de uma solidão triste, caso o amor perfeito não bata gentilmente à nossa porta.

Crer nisso pode facilitar que acumulemos amores que entendemos pela metade, incompletos, já que se distanciam dessas ideias de uma completude irretocável. Empilhamos pesares ao mesmo tempo em que não nos permitimos viver o que cada amor nos oferece ao seu modo, com sua beleza singular e suas faces, por vezes, estranhas. Um amor que não atenda necessariamente aos requisitos acima elencados pode ser um convite para viver algo original e que abra os basculantes da alma para panoramas que nem sequer sabíamos da existência. Por outro lado, tentar encaixar pessoas e relacionamentos de qualquer tipo nesse ideal pode gerar dor e sofrimento.

Pensar desse modo pode nos fazer crer que um verdadeiro amor perfeito existe, mas por estar entocado nos recantos ocultos do inexplicável nunca apareceu, ainda que de relance, no roteiro da nossa vida. Podemos ainda nos obrigar a tentar, a todo custo, manter histórias e relacionamentos com padrões afetivos que, mesmo adoecedores, seriam mais seguros do que o risco de voar por entre nuvens inéditas, ainda que sem a tampa da nossa panela.

Esse amor que se faz tal qual um misterioso acontecimento na direção daquilo que, em tese, nos completaria, nos torna dependentes, pouco seguros, dificultando reconhecer o nascimento do amor em nós, com uma feitura em ciranda e a partir de um contexto. Como se não bastasse, tudo isso ainda pode encastelar o amor – e toda a sua imensa potência – nos esconderijos menos reluzentes dos refúgios individuais.

Sobonfu Somé demarcou de forma definitiva sua visão ao tema. Vinda do oeste da África, sua forma de encarar o amor é outra. Para a autora, amar é verbo que não se faz só, pois nenhum caminho humano se trilha sozinho e é sempre preciso que os outros nos ajudem nessa empreita. Amar é um afeto coletivo, e não um acontecimento, é um percurso que se faz sempre com alguém.[1]

O escritor português Valter Hugo Mãe reedita a expressão sartriana de que o inferno são os outros: "O inferno não são os outros, pequena Halla. Eles são o paraíso, porque um homem sozinho é apenas uma animal. A humanidade começa nos que te rodeiam, e não exatamente em ti. Ser-se pessoa implica a tua mãe, as nossas pessoas, um desconhecido ou sua expectativa. Sem ninguém no presente nem no futuro, o indivíduo pensa tão sem razão quanto pensam os peixes. Dura pelo engenho que tiver e perece como um atributo indiferenciado do planeta. Perece como uma coisa qualquer".[2]

Em outro livro, cujo título é *O paraíso são os outros*, há um trecho que conversa com a ideia do amor como uma ação, como uma construção, como um ofício na vida: "O amor constrói (...) é como fazer prédios ou cozinhar para mesas de mil lugares. Mas amar é um trabalho bom".[3] Enfim, amar não é nunca individual, é, sim, um tipo de travessia humana na direção da própria humanidade, uma ação de repercussões espantosas para a grande roda entrelaçada que somos todos nós. O amor pode, desse modo, se fazer verbo.

Por sobre isso, ao acreditarmos que o amor acontece e não se constrói, que o amor acalma e não incita a mudança, que o amor se fecha em si numa díade e não se abre a um coletivo, seus moldes se colocam a serviço mais da calmaria pacificadora do que da tormenta da transformação. Seus contornos então, quando servem mais a um modelo individual do que a uma construção a muitas mãos, se dispõe, muito mais a silenciar como um ponto de final feliz do que se presta a exclamar e persistir, sendo reconstruído numa poderosa e insistente reticência.

Para o pastor brasileiro Henrique Vieira, o amor é menos obra do destino e mais um trajeto a ser estabelecido.[4] Esse percurso seria uma decisão a ser aberta como fendas nos muros chapiscados de desilusão e descrença na humanidade. É o amor que abre esses caminhos. Em cada um dos espaços abertos pelas atitudes do amor, reafirmaríamos a humanidade. O amor é uma escolha por uma forma de viver o mundo, compreender o mundo e, sobretudo, construir uma realidade mais humana no mundo.

O amor é uma escolha por uma forma de viver o mundo.

Sentir é questão de pele, amor é tudo o que move, já dizia Gilberto Gil. Muito mais do que um sentimento, o amor é uma das mais poderosas forças motrizes da humanidade. Essa entidade absoluta que modifica tudo o que toca, nos põe em jornada, nos faz andar. Movimentando-nos em direções e destinos diversos, o amor nunca deve nos paralisar. Se tudo o que move é sagrado e, então, todo amor é sagrado, como cantou Beto Guedes; para a humanidade o amor é algo inviolável, que jamais deve deixar de cumprir seus desígnios, merecendo todo o nosso respeito e reverência.

Pensemos, partindo disso, o que seria de nós se o amor fosse visto como verbo, trabalho, deliberação, empenho, aposta, construção, coletividade e, em definitivo, um conjunto de princípios para guiar uma vida diferente na atualidade?

Para estabelecer o amor como ética e ação diante da vida, é preciso mergulhar nas águas da coragem. Precisaremos de coragem para abandonar o nosso apego a modelos alicerçados no poder e nas premissas da dominação. Seja nas esferas dos relacionamentos íntimos, seja na forma mais abrangente do amor como uma revisão e refazimento da nossa coletividade. O que o amor roga é para que transformemos as velhas formas do viver.

Quando escolhemos o amor como lente diante do nosso existir, somos capazes de promover mudanças que reescrevem nossa própria vida assim como, por um contágio eloquente ainda que discreto, alteram as comunidades. Isso se dá por se irmanar a uma nova conjuntura de valores que muitas vezes se revelam ameaçados na atualidade: honestidade, prioridade ao bem comum, integridade, abertura ao novo e ao outro. Tudo isso se converte nas muitas faces da escolha pelo amor.

A grande questão que essa escolha pelo amor como verbo nos coloca é o que estabelecemos como prioridade. Ganhar, trabalhar, ter reconhecimento, viver uma vida prática é fundamental, mas isso não pode escamotear o que está de fato em primeiro lugar: cuidar da vida e das pessoas que compõem nossa vida individual e coletivamente. Nada, sob a ética do amor, passa à frente disso.

Um enlaçamento social que exclua o amor como a linha que o perfaz, se condena a um esgarçamento que, potencialmente, pode nele fazer uma fissura esgarçada. Se o amor é uma condição que une nossa existência ao nosso funcionamento social, sem ele podemos mais facilmente nos destruir. Como nos disse a escritora norte-americana bell hooks, "o amor é a única resposta satisfatória ao problema da existência humana".[5]

Alguns poderão supor que esse pacto da vida com a ética do amor regula excessivamente o viver e torna as coisas difíceis e demasiado controladas, vez que nos requer revisões constantes, desmoronamento de certezas e alguns confortos por nos impelir à mudança. Ao contrário, somos mais à medida que conjugamos o amor como verbo. Somos acrescidos de belezas outras, grandezas outras, pertencimentos outros que ampliam nossa visão sobre a vida. Alguém que vive amarrado à repetição do ensimesmamento vive uma vida mais precária.

Ao contrário, tudo isso ricamente nos leva a criar uma nova consciência. Escolhendo o amor, não estaremos com nossa capacidade de julgamento da realidade atrofiada, mas sim agigantada. Essa amplitude faculta analisarmos de forma mais clara, crítica e com mais qualidade as conjunturas e nossas ações. Os contextos ganham novos sentidos e há um compromisso com a afetividade, o respeito, o cuidado, a capacidade de aprender, de mudar de ideia e de comportamento.

Percepção, conhecimento e sabedoria não estão longe do amor, embora muitas vezes algumas dimensões culturais tentem separar o amor desses âmbitos. Amar se trona algo muito mais interessante quando pensamos sobre tudo isso. Pensar é amar com a cabeça. Amar é pensar. Amar é pôr em dúvida. Amar é contestar certezas. Nada disso mingua o amor, ao contrário lhe empresta volume e lhe dá corpo.

Pensar é amar com a cabeça.

Essa escolha, para além de nos implicar uma nova mirada e uma nova reflexão, nos põe a agir desde um novo lugar. Amar como verbo é inventar um novo lugar para estarmos no mundo. Nesse ponto o amor é sempre um papo reto: não adianta professar valores que não se espelham mais das vezes nas atitudes. Trata-se de implicarmo-nos no espelhamento em ação daquilo que cremos e cultivamos como valores.

Por isso, esse amor é um trabalho. Laboriosa e afetivamente vamos unindo, um a um, os elos dessa cadeia de sentidos, valores e atitudes que se fazem a partir de uma maneira amorosa de entendermos e vivermos as relações humanas. O viver através do amor seria um trançado íntimo entre dizer e fazer.

Adotar o amor como ética é uma forma de permitir que possamos estar regidos por sua lógica, nos dando direção em sentir, pensar e fazer. Ao fazer isso pomos sempre mais e mais lenha na fogueira que permite aquecer a humanidade. Tudo isso exige um trabalho constante, mas como diz Gilberto Gil, "o afeto é fogo e o modo do fogo é quente, de repente a gente queimará". Ou seja, a luz e o calor que emanam desse amor-fogueira servem a todos, servem propriamente à humanidade. Manter essa chama sempre acesa é dizer um sim retumbante ao que há de melhor em nós.

Amar é dar as mãos

Você me abre seus braços
e a gente faz um país
"Fullgás", de Antonio Cicero e Marina Lima

Sabemos, como já dissemos antes, que tudo o que é pessoal e singular é sempre, de algum modo, político, coletivo, cultural e está fincado no seu tempo. O amor, para além de um sentimento, pode figurar como uma possibilidade profícua de se fazer um tipo de elo entre pessoas que, na contracorrente do ensimesmamento, se interponha como antítese da violência, da intolerância, do consumismo coisificante, da mecanização dos dias e do esvaziamento do sentido da vida. Esse amor seria muito mais uma vida pautada no amor, uma vida compromissada com sua versão amorosa diante dela mesma e de todos os seus dilemas e arestas.

Amar é uma saída para nos mantermos firmes como humanos diante dos perigos que a vida traz. Os laços que o amor ata vencem perigos, ultrapassam riscos, desfazem o hostil. As relações pautadas no amor colaboram, e muito, para nossa saga como espécie humana. Isso se faz mediante o compromisso que esse amor

> Os laços que o amor ata vencem perigos, ultrapassam riscos, desfazem o hostil.

produz com a vida, fazendo assim "com que as comunidades estejam mais protegidas", como afirma o filósofo e escritor brasileiro Renato Noguera.[6] O amor protege o comunitário; entendido e praticado como forma de viver, o amor redobra a nossa aposta na sobrevivência do coletivo. É do amor que emergem os encontros, os pactos com a vida e a força das comunidades.

Não se trata de uma ação milagrosa do tipo "basta amar e tudo se resolve". Ao contrário, o amor se coloca como condição necessária à conflagração dos afetos e suficiente para iniciarmos uma convivência mais coletiva e diversa. Uma forma de romper com ciclos históricos de modelos simbólicos, já nossos velhos conhecidos, que perpetuam um tipo de sofrer que essa ética do amor sabe bem como dissolver: jamais negando as dores, mas dando a elas saídas que sejam mais amplas, conjuntas e plurais.

Nesse amor como atitude deliberada diante do viver temos mais rodas e menos enfileiramentos, mais palavras e menos gritos, mais compreensão e menos prejulgamentos. Esse tipo de conexão através do amor por escolha, e não como um acaso, faz com que a solidariedade seja um antídoto para a solidão. A ação do amor nos faz mais solidários e menos solitários.

Colocado nesse outro lugar, para alguns mais espinhoso dada a sua inconformidade com as certezas das velhas formas do viver, o amor pode transformar muitas dimensões da vida, com seu contágio quente de chama de fogo alto e arisco ou como uma brasa de aconchego, já morna, como aquelas vistas no final de uma fogueira em noite de São João.

Portanto, o amor tem poder para alterar as relações humanas e, partindo desse ponto, mudar a nossa forma de viver os mais íntimos encontros, a nossa relação com o trabalho, a rotina, a política, a educação, as famílias e a experiência pública como um todo. As muitas dimensões da vida se revelam alteradas, atravessadas, tocadas direta e definitivamente pela lógica do amor como ação e escolha: uma ética amorosa.

Se o amor não está dado, como nos fizeram crer algumas tradições hegemônicas ocidentais dos últimos tempos, ele pode e deve ser aprendido. Amar se aprende, sim; como bem disse o poeta mineiro Carlos Drumond de Andrade, "amar se aprende amando".[7] Já o filósofo Renato Noguera tenta elucidar o que está por detrás desse fenômeno que pode, segundo dizem, mover montanhas. Ele nos revela que na visão grega amar seria desejar aprender. Todos nós, mesmo aqueles que levam no peito os corações mais enrijecidos, podemos deliberar uma reinvenção, em que o amor opere e seja o maquinista dessa forte e corajosa locomotiva que abre espaços por sobre trilhos onde eram improváveis as oportunidades de deslocamento.

Quando meu filho nasceu, me lembro de comentar com alguns amigos, também pais de primeira viagem, sobre o quanto foi difícil e maravilhoso assumir partes da criação dele como o banho, o sono etc., dividindo tudo o que fosse possível com a mãe, e não apenas ajudando-a. Muitos se mostraram espantados. Perguntavam-me se não havia quem pudesse fazer isso em meu lugar, ou onde estavam as redes de suporte, por exemplo, as avós. Alguns justificavam sua possível incapacidade dizendo não terem sido treinados para tal papel, já que não brincaram de bonecas quando crianças. Outros diziam que não tinham pressa nessa interação pai-filho: quando a criança falasse e andasse aí seria o momento mais oportuno de entrarem no jogo, de forma bem mais divertida.

Ao fazer a escolha de repetir a tradição do machismo que nos estruturou, nos dando forma e jeito, não rompemos com a sua lógica. Seguimos amando de uma maneira que sobrecarrega as mulheres, que nos afasta dos nossos filhos e, assim, perdemos a chance de, em ação de construção diária, inventar outro jeito de amar essa companheira exausta e puérpera, essa criança que nos inaugurou como pai e, de algum modo, todas as pessoas do nosso coletivo, que vai se reinventado pouco a pouco à custa de novas e incipientes atitudes por aqui e acolá. Em contrapartida, cuidar junto com todo nosso desajeito de iniciante é uma decisão de aprender outro jeito de amar: sinuoso, sem garantias, sempre possível.

Depois do amor da paternidade como acontecimento na minha vida, talvez o maior deles, houve a minha escolha de fazer do amor uma ação. Esse amor inédito, que aprendi a viver entre assustado e feliz, era algo diferente dos outros amores que cruzaram minha trajetória. Ao mesmo tempo, ele era como a comunhão de todo tipo de amor que já tinha experimentado como sentimento e de todos os outros que eu nem sequer sabia serem possíveis de existir. O amor de pai me fez sentir algo para além de mim, me fez amar tudo mais e melhor, me fez praticar o amor como ação e decisão. Graças a esse amor escolhi viver amando como verbo. Foi então que todos os amores ficaram mais possíveis e reluzentes em mim. "Tudo fica mais bonito você estando perto": repetindo o Olodum, era o que eu dizia para essa decisão de amar como uma ação na vida.

O poder transformador do amor pode pousar nos pequenos e delicados gestos de amor das ações cotidianas. Trata-se de escolher amar diferente e realizar isso de manhã, de tarde e à noite, dia após dia, tanto na direção daquelas pessoas queridas e íntimas, mas também como gesto coletivo de enaltecer outros enlaçamentos sociais, concebendo assim uma nova lógica em que se estabeleçam novos papéis. Ou seja, podemos aprender sempre a amar de outro jeito e isso produz impactos e reverberações muito potentes.

Para isso, entenderemos primeiro o amor como construção. Algo que vai se fazendo à medida que vai acontecendo. Algo que escuta com atenção os sinais indicativos das mudanças de rumo como ocasião maior para o aprender. Essa construção passa diretamente por uma intencionalidade. Para além de algo encapsulado na ordem da fantasia, embora o amor se nutra do fantástico, ele se faz no epicentro da realidade como uma ação, como prática, como a capacidade de mudar de lugar e, saindo do eixo, amar de novo e de outro jeito. O amor é intenção e é ação. O amor é o arco, a flecha e o alvo.

O amor é o arco,
a flecha e o alvo.

"A busca pelo amor continua, mesmo diante das improbabilidades." A escritora norte-americana bell hooks se deparou com essa frase em um colorido grafite na rua, enquanto caminhava para dar aulas na Universidade Yale, numa época em que sentia-se afogar diante dos impactos de uma separação, findando um relacionamento de quase quinze anos. Ela, sofrida e quase sem ar, via naquela frase um alívio, um respiro diante de seu eminente sufocamento na dor.[8]

Tempos depois, a autora notou que uma construtora solapara as palavras salva-vidas, apagando o colorido do grafite com uma camada absoluta de tinta branca. Inquieta, a escritora decidiu buscar o artista, de quem tinha apenas o primeiro nome. Conversaram muito e ele lhe presenteou uma fotografia da arte, que ela, como uma relíquia do poder do amor, carrega por todas as casas em que morou e a deixa sempre à vista. Ela insistiu em fazer do amor ato, gesto e coragem: fez uma declaração de amor ao amor como uma direção a ser tomada diante da vida.

Aprisionar o amor na mítica é um convite à decepção. Inalcançável e intangível, o que nos resta é sempre uma poeira fina de amor, mas nunca o alcance de uma materialidade tal que o faça palpável, possível de ser tocado, vivido ou modificado. Amar é laborioso e, portanto, incrivelmente transformador. Jamais amamos igual, mas é preciso decidir para amar diferente. Sem essa escolha podemos ficar repetitivos, batendo como máquinas na tecla do amor como acontecimento alheio às nossas atitudes.

Mutante, o amor nos obriga sempre ao luto. Vivemos morrendo e renascendo nos ciclos do amor. Em qualquer uma das suas dimensões – do namoro à amizade, do trabalho a uma grande causa, dos filhos que crescem aos pais que envelhecem – amar é doloroso e, também, propulsor. Viver o amor, sob a ótica do não definitivo, é reafirmar a certeza de que nunca amaremos da mesma forma, sobre os mesmos pilares, baseados nas mesmas verdades, buscando as mesmas coisas. Amar é uma profusão de deslocamentos.

Mais além, o verbo amar nos mostra que o amor também tem ciclos e, mesmo quando ele de fato dura o "para sempre" de uma vida inteira, isso somente se faz possível por sua veste camaleônica que foi mudando as cores ao curso do tempo. Todo amor exige invenção e criatividade para ir se fazendo novo à medida que vamos mudando de tempo, de hábitos, de ideias ou de lugar.

Podemos seguir amando alguém que já se foi da rotina dos nossos dias, de nossa casa, de nossa cidade ou mesmo alguém que já morreu. Não é a relação sozinha que assegura o amor. Muitas vezes findamos um relacionamento, com uma pessoa ou com um trabalho, por exemplo, mas seguimos amando tudo o que aquilo representou e representa em nós, em nossa história: o amor se transformou. Da mesma maneira, podemos amar intensamente algo ou alguém por um tempo finito. Há amores que acabam, mas que nem por isso foram menores em sentido ou força.

O amor sela um compromisso com a aceitação do fluxo de modificação das experiências humanas. Quando o amor se liberta e se emancipa de certas tradições que enfraquecem seus efeitos, consegue permitir uma dinâmica que é própria de um rio vivo que acha bonito que suas águas modifiquem seu curso na correnteza, ao mesmo tempo que são modificadas pela presença das margens.

Não amamos nossos amigos de infância, agora como adultos, da mesma forma de quando estávamos nos tempos da escola. Esse amor se fez muitos ao longo desses anos e se ele segue vivo é graças ao nosso trabalho intencional de reinventá-lo, à nossa capacidade de aprender a amar à medida que fomos nós mesmos nos modificando. Para histórias humanas, sempre imperfeitas, cai sempre muito bem aquele amor que se permite trocar de roupagem e de conteúdos.

Por isso, o amor requer cuidado. Precisamos zelar pelas condições de sua manutenção sob pena de ele se esvair no fosso do autocentramento, do egoísmo, da violência, do silenciamento do diverso, da massificação das experiências, da tentativa de impor ao outro como verdade aquilo que me é caro, ou do tédio diante do que não se conseguiu acompanhar na parábola de sua constante modificação. Tudo isso apequena o amor. O amor pede ações persistentes de cuidado para que ele não se perca no silêncio mortífero da indiferença. A indiferença é, propriamente, o veneno do amor.

> O amor pede cuidado para que ele não se perca no silêncio mortífero da indiferença. A indiferença é o veneno do amor.

Cuidar do amor é urgente em tempos em que escorregam das mãos as perspectivas de futuro. Cuidar do amor é um gesto de compromisso com cada um de nós e com todos, enquanto coletividade. Cuidar do amor é uma reverência à humanidade que, sem ele, se desequilibra e tomba, muitas vezes com grandes dificuldades de se reerguer. Em tempos de incerteza, viver sob as lentes do amor é uma forma de, como disse a canção de Milton Nascimento e Ronaldo Bastos, inventar um cais para sabermos a vez de nos lançarmos. Nós nos jogamos de corpo e alma em direção à afirmação e à exaltação da humanidade como saída, como nossa maior possibilidade de fazer do mundo algo melhor. Zelar por uma forma de vida amorosa e coletiva é um antídoto poderoso para a desilusão diante dos inúmeros convites ao esvaziamento da vida comunitária.

Isso toca noutro componente do amor como trabalho: reconhecer, dar lugar aos outros, mesmo que distantes de nós em muitos sentidos. É possível amar, em alguma medida, alguém que nem sequer conhecemos. É possível imaginar e sentir de modo profundo a dor de alguém à distância. É componente dessa lógica do amor reconhecer a condição dos outros, ofertar-lhes um lugar nos nossos campos afetivos e subjetivos, nos conectarmos com essa posição ética de amor diante do outro. Reconhecer a existência do outro é um gesto de amor e ao mesmo tempo promove o amor como percurso.

A escritora brasileira Clarice Lispector, nos anos 1970, atravessada pela notícia de que um bandido teria sido morto a tiros, escreveu: "Esta é a lei. Mas há alguma coisa que, se me faz ouvir o primeiro e o segundo tiro com um alívio de segurança, no terceiro me deixa alerta, no quarto desassossegada, o quinto e o sexto me cobrem de vergonha, o sétimo e o oitavo eu ouço com o coração batendo de horror, no nono e no décimo minha boca está trêmula, no décimo primeiro digo em espanto o nome de Deus, no décimo segundo chamo meu irmão. O décimo terceiro tiro me assassina – porque eu sou o outro. Porque eu quero ser o outro".[9] Mesmo sem conhecer a pessoa, mesmo o bandido tendo valores e um tipo de vida opostos aos seus, a escritora sente amorosamente que a barbárie da revanche pela violência institucionalizada não seria o caminho. Ela escolhe, assim, o amor como forma de interpretar tudo aquilo, reconhecendo naquela perigosa sinalização um grave risco na direção de nossa desumanização. Como disse bell hooks, "não há amor sem justiça", e justiça é o inverso da barbárie.[10]

Certa vez, em um programa de TV que recebia o genial Gilberto Gil, uma senhora da plateia disse ao músico que a vida dela aos 80 e poucos anos era muito menos rica e interessante do que a dele, que na época contava com pouco mais de 70 anos. Sábia e muito amorosamente, Gil responde que não haveria como afirmar isso, vez que mesmo uma vida mais discreta, longe do conhecimento mais amplo do grande público, é uma vida humana e, com todos os seus silêncios, tem seu componente incrível e de inestimável valor. Pressagiou o compositor: uma vida humana nunca vale mais que outra vida humana, toda vida humana tem seu próprio valor. Essa é uma posição ética – e quase poética – diante do amor como veículo de se viver a humanidade.

Essa dimensão do reconhecimento esbarra noutra importante face do amor. O amor que se constrói é pautado sempre no respeito a cada história, a cada contexto, a cada vida e suas onduladas trajetórias. O amor de que tratamos aqui nada tem a ver com dominação, subjugamento, poder verticalizado. Esse amor que dá trabalho e que pode promover reviravoltas no nosso viver é produzido com outros ingredientes.

Respeito à vida humana como valor central diante de qualquer coisa é uma reafirmação amorosa de quem somos e isso implica garantir nossa permanência luminosa enquanto formadores da própria humanidade. Qualquer forma de amor que não seja respeitosa é um caminho para se avizinhar à violência. O amor que respeita, em qualquer dimensão, sempre emancipa e constrói. Esse amor não cobra dívidas, pois é dadivoso. Foge das amarras, se faz livre e ao mesmo tempo reverente ao outro como exemplo de alteridade.

Desse respeito, brota uma confiança no poder desse amor que une pessoas em prol de causas que podem ser aquelas mais íntimas até as mais amplas e de cunho coletivo. Onde há abuso de poder, silêncios negligentes, omissões graves, se anula a potência do amor tal qual aqui está proposto. Em nome desse amor não há como se legitimar qualquer tipo de desrespeito ao outro. Esse amor, embora humilde e respeitoso, discorda, briga, se exaspera, mas sempre o faz enaltecendo a diversidade e abrindo espaço para que o outro caminhe, opine e viva digna e livremente.

Pensar o amor como ação intencional, passível de mudanças pelo transcurso da aprendizagem, o implica numa espécie de comprometimento, que o amor como dado e como estalo da sorte não tem. Precisamos estar comprometidos com seu cultivo para nosso próprio bem e para o bem de todos. Esse compromisso, portanto, é sempre individual e coletivo, uma assunção de responsabilidades com nosso enlaçamento social e com aquilo que está fora de nós mesmos. Uma espécie de abertura ao outro como um princípio fundamental para a humanidade enquanto nossa maior construção simbólica.

Dessa maneira, alguns pilares da nossa sociedade atual podem estar em anteposição a esse amor que implica e liberta. Esse amor gosta da verdade e da equidade, da confiança e de toda a reafirmação dos seus componentes. Numa sociedade em que o consumismo é um tipo de fundamentalismo, vender ideais de vida inalcançáveis, ao mesmo tempo que se agigantam as desigualdades como vetor para produzir demanda, o que se vê é um convite ao desamor: não respeita, não reconhece, não se implica e não se compromete.

A reboque dessa perspectiva, ao elogiar o individual como forma única de sucesso ou fracasso, desimplicando os sujeitos dos campos situacionais e contextuais da coletividade, essa proposição do amor como construção em comunidade se vê também em risco. Nessa lógica, caberia a cada um de nós darmos nosso jeito de sobreviver, buscando algum poder sobre alguém ou sobre algo que nos garanta o privilégio de um lugar à sombra, diante de um sol cáustico e impiedoso. Por tudo isso, esse amor pode ser de fato revolucionário, pois tenta recriar bases históricas, políticas, sociais e subjetivas que podem acertar a nossa vida em cheio.

O amor é sempre poderoso, ainda que de outra maneira: não somente se recusa a se dobrar a essa lógica como ainda consegue, muitas vezes, subvertê-la. O amor é, então, liberdade e encontro com o outro. Amar é comungar. Amar é um tipo de conexão profunda com a comunidade que lhe oferece contorno. O isolamento em si mesmo, típico da atualidade, pode ser reescrito por outras palavras através do amor que se constrói junto.

Vivemos tão apressados e voltados para nós mesmos que estamos ficando sem tempo para amar, para os ritos, para vivermos os amigos e seus percursos, para ocuparmos as praças públicas, assim como para as nossas grandes causas sociais. Renunciar à pressa, prisão do amor, por vezes é uma dádiva.

Por outra via, ao reafirmarmos o amor como base da humanidade, lembramos que o amor é simples e, como tal, se conecta com o essencial. O amor reconhece o poder dos coletivos como forma de dividir as dores individuais fazendo com elas algo possível de ser vivido, atravessado e elaborado. Esse amor nos ensina sobre a importância central do bem comum. O amor elogia o comunitário e a vida simples como veículo de exaltar o verdadeiramente essencial.

O amor como uma ação é uma forma de esperançar saídas mais inventivas para questões humanas que se fazem difíceis de dirimir. Nesse âmbito, o amor é uma grande transformação social: profunda e poderosa no sentido de nos fazer mais humanos sempre. Para Luc Ferry, filósofo e escritor francês, o amor seria no século XXI um otimismo possível, através do qual se edifica um novo princípio de existência para a humanidade. O autor defende que a revolução do amor pode ser um grande feito para tempos de desencantamento, pessimismo e descrença na humanidade. Para o autor, a revolução provocada pelo amor é "a melhor notícia do milênio".[11]

> O amor ajuda o mundo todo a respirar.

O amor, essa pequenina planta frágil e ao mesmo tempo mais forte que a força, nos pede que cuidemos dele juntos, diariamente. Amar como verbo é jardinar a vida para que todos possam com ela se admirar, em suas sombras descansar, com suas flores se deslumbrar, dos seus frutos se alimentar. A boa nova do amor como ação é que, uma vez planta viva e verdejante, o amor ajuda o mundo todo a respirar.

A crise da palavra: narrar é fazer o amor

Casa da palavra onde o silêncio mora

"A terceira margem do rio",

de Caetano Veloso e Milton Nascimento

Dora, uma escritora de cartas, diariamente ouvia histórias na estação de trens, mas nunca fazia as palavras, ditas e traduzidas por sua caligrafia de professora no deslizar da esferográfica sobre o branco do papel, chegarem ao seu destino. No filme *Central do Brasil*, Dora vendia a esperança de histórias contadas chegarem a outro alguém, mas não cumpria o prometido por desesperança e um tipo de cinismo de quem se endureceu por uma existência difícil de se elaborar. Dora prometia chances ao amor, cartas para o amor, seja qual fosse o seu teor ou forma.

Certa feita, deparou-se com a história de Josué, que, desamparado por uma tragédia, se agarra a Dora com sua insistência ruidosa, chorosa e salvadora. O encontro de Dora e Josué, um encontro de amor e de histórias, salva a ambos. Pela primeira vez em muitos anos, Dora decide amar, se joga no amor e no interior do Brasil, sem certezas ou garantias, para achar o pai de Josué, para se encontrar e, acima de tudo, para viver um grande e definitivo amor. Um amor capaz de mudar a história, uma história capaz de mudar o amor. Dora termina por escrever ela mesma não apenas a sua própria carta de amor, mas uma carta ao amor. O filme nos mostra, então, como amor e histórias se misturam.

Somos feitos de histórias. Toda vida humana é sempre ficcional: uma narração que se faz até o dia do ponto-final e que, se for recontada, pode nunca terminar. Como diz a canção do compositor brasileiro Lirinha, o amor é filme, tem altos e baixos, venturas e desventuras, vida e morte, fantasia e cinismo, comédia e tragédia. Não por acaso, há séculos, mesmo antes do cinema, histórias foram contadas como meio de existirmos.

No programa Roda Viva da TV Cultura, o compositor brasileiro Tom Zé rememorou de forma emocionada o momento em que percebeu o poder da palavra e das histórias. Contou que na época de escola foi convidado a ler em silêncio um texto que dizia: "João tem um problema em casa e pede a professora para sair. A professora deu permissão e João se levantou". Espantou-se o artista com o fato de aqueles rabiscos no papel terem o poder de fazer todos entenderem a mesma mensagem, além do fato de terem o poder de inventar pessoas, de fazer alguém se levantar e sair caminhando.

As histórias não resolvem tudo, não dissolvem sempre o mal, não trazem a tiracolo a felicidade. As histórias abrem gretas para vermos estrelas, mas também porões onde encaramos nossa escuridão. Criam mundos inéditos mesmo no lugar-comum de um clichê, inventam a vida tendo sido sempre inventadas por ela. Mesmo sendo de algum modo falsas, as histórias são de verdade. Como disseram Chico Buarque e Edu Lobo: "Mesmo que os romances sejam falsos como o nosso, são bonitas, não importa, são bonitas as canções. Mesmo sendo errados os amantes, seus amores serão bons".

Ainda que novas, as narrativas são também milenares e sempre miram outro alguém. A essência das histórias é estar com outros. As histórias não seguem a lógica do tempo e do espaço. Subvertem esse nexo, viram a gente do avesso, sacodem nosso existir para lá e para cá, nos lembrando que precisamos sempre nos reinventar. Nossa dor e delícia é sermos condenados á invenção infinitamente.

Uma história contada – bem dita ao ponto de virar bendita, tal qual uma bênção – é como um baú mágico com vida própria, desde onde emanam temperos, aromas, ideias, memórias, afetos, ou seja, toda qualidade de insumos simbólicos que se oferecem à nossa criação da vida de forma dadivosa e sempre farta. Não há, por isso mesmo, qualquer separação plena entre história e realidade, já que a história não esconde a realidade, ela a recria e, desse modo, a revela. Ou seja, emprestarmos fantasia à vida não camufla a realidade, ao contrário, nos ajuda a vermos, revermos, *desvermos* e, então, acharmos saídas para as questões da realidade.

Ferreira Gullar já dizia que a arte existe porque a vida não basta; numa entrevista dada em 2016 esse poeta brasileiro defende que a arte e suas histórias visuais, melódicas ou feitas de palavras têm por força e vocação o ímpeto de acrescentar à vida algo que lá não havia. Para ele, através da invenção, a arte não retrata a vida, mas sim inventa a própria vida, emprestando à realidade outro sentido. As histórias criam a realidade e são criadas para além dela.

Para a psicanalista Sue Gerhardt, embora processos cognitivos elaborem os processos de ordem emocional, a existência dos primeiros depende sempre dos segundos.[12] Toda realidade é sempre uma representação, a partir do lugar em que nos colocamos a percebê-la. Sendo assim, podemos dizer que tudo o que conhecemos como real depende muito das nossas interpretações e, por conseguinte, dos afetos que atravessam o veio da nossa mirada e o eixo das nossas reflexões.

O psicanalista Celso Gutfreind, assim como Renato Noguera, retoma a história de Sherazade para falar da narração como forma de amor e de vida.[13] A lenda fala de um rei convencido da morte do amor, que decide casar-se inúmeras vezes e matar cada uma de suas esposas tão logo findasse a noite de núpcias, evitando assim a desilusão. O rei triste e encarquilhado por dentro se impunha uma perda a cada núpcia, justamente por não suportar perder.

Sherazade decide, mesmo sabendo do risco, casar-se com esse rei e tentar acabar com um massacre sistemático de moças jovens que a dor desse poderoso homem instituiu como verdade – uma decisão que já é em si uma escolha de amor: coletivo, amplo, maior. Para escapar do destino trágico, a cada noite, Sherazade contava uma história para seu marido cego pelo ódio de uma dor, até então, insuportável. Curioso com os possíveis desfechos das narrativas, o rei ficava até o raiar do dia entretido com as palavras de amor de sua esposa e se esquecia da morte. Assim, aos poucos, se refazia das chagas de sua dor que se viam marcadas bem no fundo de sua alma.

Ao cabo de mil e uma noites, o rei estava encantado não apenas pela esposa e suas histórias, mas também pela possibilidade de voltar a viver sob a égide do amor. Ao vencer a morte com seu enredo inebriante de palavras, Sherazade opta pelo amor e consegue fazê-lo renascer onde somente se via a aspereza de um sofrer inexprimível. Vencem as histórias, vence o amor e, assim, cessa a escolha da morte como saída. Ou seja, quando contamos a vida, é mais provável que o amor, como escolha, ilumine os caminhos perante os rodopios da vida e dos outros.

É por isso que Gutfreind defende que ao narrar projetamos nossas dores para fora e, assim, nos distanciamos um tanto delas, abrindo um vazio para o inédito e, mais ainda, para reedição do que foi vivido. Aos falarmos da nossa vida e encontrarmos quem nos escute, vencemos o que é inenarrável e incomunicável, ou seja, aquilo que escapa da via simbolizável, traduzível, transformável.

O não dito, que difere do silêncio como quietude, é o deserto das palavras; é também o paraíso das dores, no qual elas crescem e, por vezes, tomam conta de tudo ao seu redor. Falar do insuportável, dizer dos nossos flagelos, converter em letra as nossas máculas ou alegrias nos humaniza e nos garante fazer algo possível com aquilo que aperta a nossa garganta ou nos regozija. Por isso, escolher amar como forma de vida é escolher narrar, contar e poder escutar.

O fim das palavras se convertendo em histórias é uma espécie de morte psíquica e imenso risco para a coletivo, que tende aos atos como forma de símbolos. Precisamos achar meios e caminhos para o amor em tempo de desilusão; talvez o melhor deles seja o das palavras contadas de várias maneiras e que podem ter também formas variadas e ser o abrigo acolhedor na escuta de alguém.

Quando digo que a existência de alguém para a humanidade depende do espelhamento dela no olhar de outro alguém, me refiro também às histórias. Esse olhar, essa aposta na humanidade, é uma história. Amar alguém e lhe conferir lugar simbólico diante da humanidade é persistir na narração, como fez Sherazade, para fazer viva a humanidade. Esse é o nosso pacto de amor mais amplo e mais humano: fazer da imaginação um caminho para o amor.

O amor é um jeito de lidarmos com a realidade. Mesmo quando a realidade é insuportavelmente doída, sempre será possível viver suas sofridas feridas sob o abrigo do amor. Por pior que sejam nossas dores, com seus pés fincados a fundo no que há de mais real da realidade, o que de fato importará é como daremos sentido a tudo isso. Dar sentido é enaltecer o plano simbólico da humanidade e esse plano é o que lhe forma e, também, transforma. Então, quando narramos e escutamos, podemos produzir novo sentido e, assim, transfiguramos a realidade por mais que ela seja de uma crueza desconcertante.

Para o escritor e filósofo espanhol Fernando Savater, a linguagem é o certificado de pertencimento à nossa espécie, o verdadeiro código genético da humanidade.[14] Somos seres de linguagem e, segundo o autor, aquele que se faz sob sua marquise, sob o manto macio das palavras, nunca estará sozinho, pois haverá sempre semelhantes. Isso se dá devido ao fato de que não inventamos a linguagem sozinhos, nós a aprendemos com os outros. É algo que nos precede, que acessamos através de alguém que se propõe a vir ao nosso encontro e nos ensinar, como ato de amor.

Essa invenção absolutamente extraordinária que é a linguagem é sempre pública, emprestando alguma objetividade ao subjetivo e se debruçando sobre nossa maior vantagem: compartilhar o simbólico. Sempre ampla, a linguagem se oferece aberta à compreensão, que será felizmente sempre incompleta, mas que será, em alguma medida, nossa comunhão, nosso amor.

Tudo isso se dá pela magia que ocorre entre falar e escutar. Essa peripécia humana, estampa evidente do amor com verbo, é o que nos faz construir vínculos. Os vínculos nos salvam da indiferença e do destino incomensurável da *ninguendade*. Quando não temos bons vínculos, quando não temos lugar, quando não pairam sobre nossos dias instâncias de reconhecimento, somos mais violentos. Ou seja, nos embrutecemos justamente onde nos falta o amor, onde nosso laço de palavras é frouxo ou não nos alcança. O indizível e o que não é escutado escapam do simbolizável e nos embrutecem. Ficamos condenados aos atos e às suas consequências. Perdendo a capacidade de dar sentido ao vivido, ficamos sozinhos e mirando com olhos esbugalhados a nossa progressiva desumanização.

O contrário se aplica. Pela lógica do amor como ação, conseguimos nos tornar parte de algo: projeto, desejo, aposta de alguém em nós. Sabedores de nosso lugar, ouvindo e falando, vendo e sendo vistos pela coletividade, destruímos menos, violamos menos, toleramos mais e amamos mais. As fissuras nos elos sociais que nos conferem afeto e lugar nos empurram para a intolerância e para a ferocidade: uma tentativa insistente de clamar por algo que nos diga que existimos e que podemos existir de outro modo. Esse espelhamento é a linguagem do amor, que vai contar histórias para que possamos criar as nossas. Uma vida sem esse lugar de amor é uma história quase sempre dada; parafraseando Chico Buarque, rompemos com o mundo e queimamos nossos navios.

A vida com boas histórias cria laços mais amorosos. Estamos falando de políticas públicas, que precisam alcançar os esconderijos da desigualdade; dos ambientes de trabalho, que precisam fazer circular as palavras e não silenciar as subjetividades; dos pátios da escola, que possam ser para todos e para cada um; dos postos de saúde, que façam do verdadeiro cuidado uma certeza; dos espaços de cultura, que sejam indispensáveis como feijão e arroz; assim como do chão da sala de nossa casa, que seja acolhedora e respeitosa com o nosso modo único de ser e estar nesse mundo.

A contemporaneidade requer ampliar espaços onde possamos nos contar uns *aos* outros e assim contarmos uns *com* os outros. Lugares onde a fala e a escuta sejam um direito e se faça como garantia de saúde. Graças à força do diálogo, veremos dançar exuberantes, lindas e duras histórias. Para isso, além de espaço, é preciso tempo; além de tempo, é preciso escolhas; além de escolhas, é preciso sobretudo amar esse jeito de estar no mundo que insiste e não desiste da humanidade.

Vivemos na urgência da velocidade, o que dificulta acharmos um tempo para o outro. Estamos precipitados em nós mesmos, nos contentamos com os estilhaços de realidade que conseguimos alcançar espalhados no chão da vida, sem muito tempo para cavoucar de forma mais profunda e refinada nos terrenos do existir. O diálogo hoje se esconde por detrás das pilastras da indiferença ao outro.

Efetivamente a atualidade precisa ouvir o Chacrinha, pois nestes tempos quem não se comunica não somente se trumbica como arrisca toda a humanidade a se desencontrar. A questão é que somos uma sociedade da hipercomunicação, do hipertexto, do hiperinformação. Essa lógica de uma comunicação cheia de sobrecargas tropeça na narração, na escuta e especialmente no diálogo.

O excesso de informação ininterrupta suplanta a capacidade de contar histórias. Não há vazios propensos à narrativa. Tudo está preenchido pela informação que, por ser excessiva, se faz indigesta. Sobram dados frios sobre a realidade e faltam histórias quentes sobre a vida. Tudo à nossa volta parece nos condenar à literalidade.

A informação é uma excitação da linguagem que lhe faz ativa todo o tempo; em contraponto, a poesia inerente às histórias é uma forma de transcendência. Quando a linguagem se revela sem a pausa que marca a incidência propulsora do vazio, esta se escraviza ao trabalho sem descanso, produzindo uma forma infindável de informações, que esmorece sua luz e diminui sua diversidade. A beleza das histórias, por sua vez, desmonta o excesso de informação que escapa de qualquer elaboração e nos convoca à contemplação e à imaginação diante da realidade da vida.

Nossa capacidade de contar histórias pode ficar cada dia mais frágil, em tempos de *hipertudo*. A narração está em risco desde quando somos melhores em fragmentar narrativas para as pulverizar, favorecendo serem consumidas rápida e frivolamente. Assim, somos menos competentes em criar histórias e fazê-las circular como gesto de amor, que se compromete a libertar, emancipar, transformar o dia e as coletividades. Frágeis histórias, pouca escuta, ausência do diálogo.

Podemos cogitar que a realidade cria pensamentos e afetos, mas os pensamentos e afetos também têm o poder de recriar a realidade. A grande questão é como lidamos com isso, quais saídas encontramos para nossas questões humanas, quais os caminhos para dançarmos com alguma graça os bailes da vida atual de forma que narrar, escutar e dialogar sejam caminhos?

Já que a nossa natureza é criar artifícios, podemos produzir uma abertura diante do emaranhado aparentemente intransponível de silenciamentos que já sabemos, desde algum tempo, ser forte e propulsor de inumeráveis transformações: o amor vinculado às palavras.

Narrar é partilhar. Partilhar é nos defrontarmos com nossa incompletude ao mesmo tempo que é uma afirmação do amor como história. É impossível amar sem compartilhar. Compartilhar é uma forma de achar um espaço entre as pessoas que não seja propriamente meu ou seu, algo que se põe no *entre* que existe no *nós*, que, ao passar a ser nosso, nos une, nos modifica e nos implica, definitivamente. O diálogo é esse lugar simbólico entre nós.

Narrar é um elo, um jeito de fazer da palavra uma ponte de amor entre as pessoas. Todo amor como verbo é uma poética dos encontros e desencontros humanos. Todo amor como ação é uma forma de dizer sobre a aventura da vida humana na construção da humanidade. É isso que permite dar sentido aos prantos,

> Todo amor como verbo é uma poética dos encontros e desencontros humanos.

às alegrias, aos infortúnios ou às conquistas. Poder contar a nossa vida para alguém, sob a lógica do amor como intenção, é uma forma de inaugurar inéditos de sentido e significado, sendo esta justamente uma maneira poderosa de recriar a realidade, inventando outra vida.

Especialmente após o *boom* das redes sociais estamos voltados cada vez mais para nós mesmos e para os nossos iguais. Defendemos com afinco nossas bolhas de conforto, feitas por um cristal fino e translúcido de iguais. Vivemos consumindo as reverberações de nós mesmos. Vivemos num tempo de autocentramento, que dificulta que escutemos uns aos outros. O diálogo franco, amoroso, construtivo e plural está cada dia mais raro. Somos impulsionados a interpretar a realidade a partir de nossas certezas rígidas e verdades absolutas, mas à escuta é imprescindível um certo nível de confronto. Não é necessariamente um conflito, mas sim uma tensão entre diferenças que modifica a minha experiência singular. Poder falar e ser escutado genuinamente por alguém é uma vivência através da qual se pode ver a vida de forma nunca vista: pensaremos e sentiremos coisas como jamais faríamos sozinhos, ou presos nas nossas replicações infinitas diante do espelho.

É por isso que o lema contemporâneo do "cada um no seu quadrado" é um antiargumento do amor como ação e como narração. Precisamos achar maneiras de, a cada tempo possível, palavrear a nossa vida de forma amorosa: vinculando, comprometendo e transformando histórias. Como fazer isso será sempre um roteiro não definitivo, uma sucessão de rascunhos sem fim. Quem sabe não possamos então começar pela escolha de narrar como aposta, escutar como vínculo e, assim, amar como ação.

Os ruídos excessivos do nosso tempo dificultam nossa escuta, que se fecha à narrativa, e tudo isso esvazia o diálogo.

Tudo fora de nós é muito ruidoso e requer nossa atenção com grande vivacidade. Ouvimos muito, o tempo inteiro. Na atualidade quase não há lugar para o silêncio. As notícias, o trânsito, as propagandas: tudo nos convoca a uma sobrecarga do sensorial, do ouvir. Escutamos, entretanto, cada vez menos. É preciso silêncio para poder escutar. A escuta carece do vazio: esse hiato que abre espaço para as palavras do outro ou para aquelas vindas dos esconderijos de nós mesmos.

São empreitadas difíceis em tempos de sobrecarga de estímulo, de ensimesmamento, de temor diante da diferença, tanto escutar o nosso mundo interno, quanto escutar o que nos diz todo esse barulho e, especialmente, escutar o outro que comumente nos desorganiza.

Ao contrário do que possa parecer, estarmos voltados excessivamente para nós mesmos não nos torna mais capazes de lidar com nossas tranqueiras subjetivas, com nossos sofrimentos e nosso variado arcabouço emocional. Quem não olha para dentro não sabe olhar para fora de si mesmo. Quem não escuta o que flameja dentro de si mesmo fica menos capaz de escutar aquilo que reluz no outro. É bem mais fácil lidar com nossos dilemas de existir quando eles estão num contexto, quando os sentimentos são tão nossos quanto das circunstâncias que o contornam, quando são singulares e coletivos, quando podem ser suportados em conjunto.

A privatização do sofrimento, que Byung-Chul Han nomeia, é uma forma de nos fazer crer que sofremos sozinhos, individualizando nossas dores.[15] Essa lógica não favorece sua elaboração, não promove mais autoconhecimento ou mesmo não provoca um mergulho profundo nas suas perspectivas mais íntimas. Ela nos isola e nos deixa culpados, cercados de frustrações e sentimentos de menos-valia por todos os lados. Ficamos ilhados de dor, sem terra à vista, sem um bote salva-vidas para arriscar nos lançarmos numa travessia em que se faça provável a sua transmutação.

A melhor forma de percebermos nossas dores, assim como de fazermos algo com elas e lhe dar alguma direção, é através do outro, seja entendendo os contextos de sua emersão, seja encontrando alguém que nos escute. Por tudo isso, a privatização do nosso sofrer é a contramão da sua elaboração. Ela desfavorece a transmutação da dor em algo com que possamos lidar melhor.

O mesmo autor defende que a sociedade que enaltece a autenticidade é, na verdade, a sociedade da performance. Diz ele: "Cada um se performa. Cada um se produz. Cada um cultua o *self*, na medida em que é o sacerdote de si mesmo". Essa condição, vista a olhos inadvertidos, parece ser uma forma de liberdade. Cada um, desse modo, seria livre para ser o que quiser, viver como melhor lhe apetecer, escolher regido apenas por sua vontade.

Ao contrário, essa engrenagem simbólica promove a um só tempo uma coerção pela exacerbação do individual, uma fissura nos elos comunitários e um silenciamento do outro, que já não fala comigo assim como eu já não o posso escutar. Mais uma vez, o diálogo tropeça. Ao propagarmos a feitura de si mesmo quase independente como algo possível, aumenta-se a trincheira entre os humanos e nos coloca a serviço da repetição e do isolamento, como numa linha de montagem fabril, mas dessa vez com feições de liberdade.

Ao sermos envolvidos por essa lógica, vamos pouco a pouco nos tornando indiferentes aos outros, que já não dizem muito e, por isso, já não há muitos motivos para lhes escutar. Ficamos presos às baias do telemarketing repetindo frases prontas para não escutar a real demanda de quem está lá do outro lado da linha. Inventamos rebuscados dialetos técnicos que não alcançam a maioria. Corremos para ter logo uma ideia melhor do que a do colega de trabalho para superá-lo, mesmo que a sugestão dele seja de fato a melhor para o trabalho que, em tese, fazemos juntos. Apontamos no outro todas as causas das crises nos relacionamentos, como se houvesse relação que não seja, no mínimo, a dois. Nesse cenário, ficamos cada vez menos competentes para nos relacionarmos, para nos entendermos, para lidarmos com conflitos, assim como para manejar nossos afetos nisso tudo. Quando desistimos da palavra, desistimos de quase tudo.

O diálogo nunca é possível sem antes enaltecer o lugar central da alteridade em sua dinâmica. Dialogar é uma espécie de ode ao encontro, uma festa para a humanidade. Escutar é puxar uma cadeira para o outro se sentar, para o convocar à fala, à narração, ao ato de contar e recontar nossas histórias. O diálogo é um jeito de amar o diverso. Para dialogar com alguém é preciso aceitar o que virá do outro com as porteiras da boa vontade sempre abertas.

Quando fazemos a palavra circular, permitimos sermos invadidos pela história de alguém. Essa invasão, branda ou avassaladora, nos modifica para sempre. Por isso, requer muita coragem para nos deixarmos atravessar pelo discurso do outro e depois disso mudarmos muito do que há em nós. Dialogar é sempre desarrumar um pouquinho a gente por dentro. Entretanto, é dessa bagunça que nascem disposições internas que ainda não havia em nós.

Na verdadeira escuta, alicerce do diálogo, não há julgamentos. Nessa afirmação reside um grande obstáculo para a atualidade tratar de transpor. Num tempo em que tudo sabemos e supomos e que tudo se constrói a partir da nossa perspectiva, tendemos a imaginar que a realidade é somente aquela que se revela a partir do que eu posso ver. Saímos pelos quatro cantos da vida como caçadores, cheios de gana, buscando tudo que for divergente para apontar, silenciar e então carimbar como um definitivo erro. Buscamos na atualidade menos compreender fatos e fenômenos e mais estabelecer um viés de confirmação daquilo que imaginamos ser a nossa verdade límpida. Nesse ponto, a escuta esbarra no julgamento e em todas as suas sentenças, e a palavra fica sem endereço. Escutar verdadeiramente alguém não é necessariamente aceitar ou concordar, mas é sempre respeitar o que não se pode calar.

Visto que ninguém vive igual, ninguém conta igual. Isso exige de nós trabalho, crença inabalável na verdade das formações comunitárias como signo dos acordos da humanidade, para através de incontáveis deslocamentos irmos nos refazendo a partir do outro. O diálogo é uma forma transformadora de refazer as pessoas e estas então poderão operar a reconstrução da realidade.

O diálogo é uma forma transformadora de refazer as pessoas.

A escuta é sempre o abrigo da narrativa, mesmo quando não concordamos com aquilo que escutamos. Na atualidade, somos cada vez menos incitados a essa posição nas relações humanas, vez que estamos impelidos à ideia de que aquilo que serve para mim como valor precisa ser posto como regra para a maioria. Muitos de nós acreditamos que a nossa forma de estar no mundo é a hegemônica e deve prevalecer diante das demais. Dos debates macropolíticos às reuniões de condomínio, passando pelas assembleias comunitárias, está cada vez mais difícil a circulação agregadora das palavras. Tendemos a crer que somos o centro da paisagem ao nosso redor. Isso silencia a escuta e o encaminhamento das narrativas. Falamos muito, narramos e escutamos cada vez menos.

O diálogo requer tempo e paciência. Aquele que se oferece à escuta não pode impor seu ritmo a quem narra. Escutar demanda uma certa exposição. Aquele que se propõe a escutar abre as portas para que as palavras do outro entrem e, sem reservas, mudem os móveis de lugar nos salões da nossa subjetividade.

Dialogar pede esforço. Aquele que se dispõe a escutar sabe que se deparará com cenários diversos e que a aventura será como a vida, sem ensaios. Narrar e escutar têm sempre algo de imprevisível. Por isso, os diálogos são sempre únicos. Falar e escutar são como dar as mãos ao outro para saltarmos juntos num vazio, no qual a trajetória única desses corpos unidos pela palavra vai riscar os ventos do incerto. O que ocorre ali jamais se repete. Narrar e ser escutado abre nossa vida a todo tipo de possibilidades.

Contar uma história é o inverso da imposição de uma opinião a alguém, como aponta o historiador português Rui Tavares. Narrar é sempre uma rota para se "sugerir uma de várias formas de responder aos nossos "agora, agora e mais agora". E dessas histórias cada um de nós vai retirar ensinamentos diferentes, conhecimentos diferentes e, com sorte, sabedorias diferentes".[16]

Escutar é ceder lugar ao outro, abrir espaço ao diverso, escapar do espelhamento reconfortante da nossa imagem e enaltecer a diferença. Narrar e escutar são formas de reafirmar o desejo pelo outro, por isso é amor em ato, uma forma de garantir a dimensão daquilo que se comunga na vida. Por esse motivo, o diálogo é uma forma de construir um sentido de comunidade.

Não por acaso, poderíamos dizer que dialogar é uma atitude política do amor, pois é uma ação que reconhece a existência crucial do outro como formador do comunitário. Isso leva a escuta para todos os lugares onde estiverem os humanos: escolas, empresas, praças, repartições, famílias, redes sociais, comunidades, equipes esportivas... ou seja, lá onde houver humanos interagindo o diálogo se faz, além de bem-vindo, cada vez mais necessário.

O amor como ação, tendo o diálogo como símbolo, pode inaugurar um outro tempo. A revolução do amor pode contribuir para subverter a lógica do desempenho sem fim, do consumo sem freio, do silenciamento da diferença, da superinflação das imagens, pois toda essa estrutura tem como premissa o individualismo, a produtividade sem pausa e o silenciamento do tempo com outro. Ao contrário, o amor como atitude deliberada diante da vida promove o comunitário, prioriza o tempo do encontro, alteia o valor da diferença e faz da escuta um de seus emblemas.

Alguém que se sente escutado também se sente partícipe de uma comunidade, passa a ter um lugar, é visto e reconhecido com pessoa. Ainda que sejamos diferentes daquele que nos escuta, nos sentimos acolhidos, respeitados, valorados e tudo isso funciona como uma espécie de confirmação da nossa existência e de consagração da nossa humanidade.

Ter a segurança de que seremos escutados é um caminho para sabermos que podemos narrar. Poder narrar, por sua vez, é uma forma de dar sentido ao que vivemos. Dar sentido ao que vivemos é uma maneira de simbolizar a vida. Simbolizar a vida é um jeito de construir outras realidades. Construir outras realidades é fazer do amor uma escolha de vida.

Por fim e apesar de tudo, o amor é esperança

Da lama nasce uma flor
Vai ser a minha vingança
Vermelho, cor do amor
Eu sou vermelho esperança
"Vermelho esperança", de Laila Garin e Chico César

Há milhares de anos, a humanidade se costura numa história de enfrentamentos e superações, batalhas atrozes e belezas incogitáveis. Atualmente, somos testemunhas oculares de avanços tecnológicos dignos de ficção científica que convivem com uma ordem de desigualdade que expõe uma ferida humanitária sempre aberta. Somos capazes de produzir mais aparelhos celulares do que o número de pessoas para os utilizar, ao passo que nas grandes cidades ainda se mata para roubar um desses aparelhos. O que esperar de nós? É um tipo de pergunta impossível de se responder na contemporaneidade, ao menos de forma clara e absoluta.

> Estamos diante da necessidade de um acerto de contas com nosso passado, para vivermos melhor o presente e tentarmos construir um futuro plausível.

Ao olharmos para trás e tentarmos imaginar um porvir, tudo fica confuso, nebuloso e duvidoso. Estamos diante da necessidade premente de fazer um acerto de contas com nosso passado, para vivermos melhor o presente e tentarmos construir como humanidade uma saída para um futuro ao menos plausível. Elegermos do que passou o que merece seguir nos acompanhando nos rastros das tradições e aquilo que, definitivamente, não pode ser repetido, replicado ou, mesmo caricatamente, reeditado parece algo necessário.

Tudo isso nos lança diante do dilema de, reinventando nosso agora a partir dos filtros que arranjamos naquilo que ficou para trás, esboçar um amanhã menos cruel, mas factível e que enalteça em definitivo essa construção especial e secular que é a humanidade.

Afinal de contas se a gente não muda é como se o tempo não tivesse passado. Na atualidade, nós nos desconectamos com as dimensões mais subjetivas do tempo: o tempo de cada sujeito, o tempo da experiência humana, o tempo da natureza. Vivemos a vida cada vez mais entre quatro paredes, sem tempo ou condições de estarmos ao ar livre, de perceber os sinais cíclicos da natureza que durante muito tempo nos ajudaram a lidar com as viagens da vida.

Viver os dias de hoje é estarmos sempre com o olhar capturado por algo, sem abrir espaço para o sem fim. Então, a gente perde um pouco essa dimensão do tempo e da vida, desde quando a gente vive nessa correria de andar para lá e para cá, com a cabeça baixa olhando sempre para algo que está por perto, uma extensão em máquina do nosso próprio corpo. Olhar a perder de vista é forjar um tempo de contemplação, de percepção e entendimento daquilo reverbera nas nossas perspectivas subjetivas. Ao olhar sempre tão de perto, a gente fica muito desatento às poéticas do dia a dia, que muitas vezes mudam o dia, mudam a vida. Olhar ao longe é uma forma de amar a vida e construir não apenas miragens que nos enebriam, mas, fundamentalmente, novas formas de vida para serem vividas apesar de tudo.

Em *Água viva,* Clarice Lispector diz que uma das coisas mais importantes que aprendeu é que convém vivermos o "apesar de": "Apesar de, se deve amar. Apesar de, se deve morrer. Inclusive, muitas vezes, é o próprio apesar de que nos empurra para frente. Foi o apesar de que me deu uma angústia que insatisfeita foi a criadora de minha própria vida".[17] Apesar de tudo o que esse mundo nos oferta – um pouco de vanguarda e uma porção de caretice, um tanto de novidade e outro tanto que é museu, algo de suavidade que se mistura ao horror da atrocidade –, o amor vem como forma de reinvenção constante da condição humana. Isso se dá quando o plano dos afetos se coloca no centro do plano das intencionalidades, movendo-nos na direção de uma reviravolta de perspectivas e nas ações que dela se desdobram.

Quando escolhemos o amor como ação, nos colocamos no momento presente, como na canção de Gilberto Gil, "o melhor lugar do mundo é aqui e agora". Esse lugar sem topologia é menos um espaço e mais uma vivência. Um recanto interior, que se revela dentro de cada um de nós, mas que se abre ao mundo externo. Seja lá onde pudermos estar, quando nos colocamos o mais inteiros possível naquilo que nos propomos a viver, nos comprometemos com nosso desejo e, desde sempre e para todo o sempre, com o entorno que nos dá lugar e forma. Não somos indivisíveis, jamais, mas podemos experimentar momentos de alguma completude quando escolhemos as lentes do amor diante das belezas e das agruras do viver. É assim que nos abrimos ao que temos para viver e isso nos auxilia não somente a interpretar a realidade, mas, principalmente, a construir outros cenários na vida.

Esse amor-ação favorece percebermos tudo quanto há de arrebatador no mais corriqueiro da vida. Ao escolhermos o amor como guia, o que fica das nossas andanças pelo viver são exemplos simples do mais comum; preenchido de afeto, o cotidiano ganha contornos lustrosos: chegar em casa depois de um dia difícil, ver um filho dormir em paz e se espantar como ele cresceu, os longos cafés da manhã dos domingos, o telefonema do amigo em hora inesperada, o beijo antes de uma viagem, um banho quente em pé em um chuveiro de águas fortes, as manias de pai e mãe que juramos de pé junto jamais repetir e que lá pelas tantas começam a se tornar nossas também. No fundo, bem lá no cerne do essencial, o que fica da experiência humana são pessoas e afetos, por mais turbulentos que sejam os fatos que se sucedem entre nosso amanhecer e nosso anoitecer.

O que fica da experiência humana são pessoas e afetos.

Diante de um mundo em constante mutação, há uma proliferação maciça de dicas sobre como viver mais e melhor. São tantas receitas infalíveis que muitas vezes temos dificuldade de as acompanhar para estarmos em dia com a gente mesmo. De comer oleaginosas a praticar a gratidão, de subir lances de escada a exercitar a atenção plena, de dar as mãos a ter mais assertividade, passando por cultivar o ócio e as boas relações, os caminhos são tão numerosos quanto impossíveis de serem seguidos em uma completude apaziguadora. Vivemos devendo a uma vida melhor. Enquanto isso perdemos o sentido da vida como sendo a própria vida, sempre imperfeita. Talvez aceitar o feitio incompleto do nosso existir seja um gesto, nem sempre sutil, de amor com a gente e com a nossa gente.

Para o psicanalista italiano Contardo Calligaris, o sentido da vida é a própria vida. Viver é o sentido da vida, sua direção e seu fim. A grande questão é como viver dentro da vida, o que podemos ou não fazer para viver intensamente uma vida que o autor nomeia como interessante, portanto, cheia de altos e baixos, dores e prazeres, sentido e desatino: "A única vida interessante é a vida que acontece aqui e agora. Não precisa ser épico, não precisa ser extraordinário, não precisa de nada. Precisa da presença de quem está vivendo".[18]

Achar a pulsação da vida na viela que leva até a padaria da esquina, ou no jeito de um cão atravessar a rua, no colorido das roupas quarando ao sol no varal, ou num novo e instigante projeto pessoal é um desafio e tanto num mundo cheio de distrações e imperativos. De tão simples, esse ato e essa escolha se revestem de uma complexidade ímpar. De tão óbvio, muitas vezes se acomoda por detrás de ocupações menos comprometidas com o fundamental e que não nos permitem tocar esses tesouros que a vida nos oferece diariamente e cujo brilho muitas vezes não conseguimos enxergar.

Nossa aceleração e o excesso de estímulos são formas de nos afastarmos do significado daquilo que vivemos, que é construção e intenção ao mesmo tempo. Pausar, para o filósofo coreano Byung-Chul Han, é uma forma de liberdade e resistência nessa contemporaneidade que se devora com um apetite tão voraz quanto infinito. Pausar para permitir brotar em ato o amor e consentir que surja o encantamento diante dos desvairos da vida é uma verdadeira revolução: "sem pausa a vida se torna mero desempenho".[19]

Buscar uma vida idealizada é o caminho mais curto para esse tipo de cegueira. Ficamos com as vistas envoltas num tipo de véu que nubla e embaraça nossa visão. Ficamos tontos tentando chegar a esse ápice ideal do viver; enquanto esse cume não se revela diante dos nossos olhos – mais das vezes não chega nunca –, perdemos o bom da festa: mergulhar com tudo no tudo que a vida tem para oferecer.

O bom da festa é mergulhar com tudo no tudo que a vida tem para oferecer.

Fazermos as pazes com a imperfeição é um feito do amor como ação. Ao mesmo tempo, seguir tendo o amor como bússola nos dá uma direção de uma vida menos solitária, menos ansiosa, menos vazia e mais alavancadora de gestos e atos que nos conduzam a algo melhor.

A superfície da propaganda da perfeição faz com que a gente acumule uma quantidade maior de experiências, mas sem a reverberação interna, psíquica, daquilo que foi efetivamente vivido. É muito cansativo além de vivermos, termos que ser perfeitos e publicáveis nos registros multicoloridos das imagens. E como fica nosso lado obscuro? Ao abandonarmos a superficialidade do ideal, mergulhamos fundo no viver com todos os seus entretons.

Aceitando as imparáveis novidades, no ponto médio das mudanças dos ventos e das marés, seguimos dançando ora no passo ora no descompasso das melodias que soam para além de nós. Sob os desígnios do amor, vamos desenhando como dá a nossa própria história. Uma história escrita a mil mãos, feita e refeita a todo momento; uma fábula inacabada que é nossa e de milhares à nossa volta, como propõe Valter Hugo Mãe: "Somos o resultado de tanta gente, de tanta história, tão grandes sonhos que vão passando de pessoa a pessoa, que nunca estaremos sós".[20]

Ninguém é, por si só, propriamente do tamanho de seus sonhos; somos o intervalo entre escolha e circunstância. Vivemos, na atualidade, à beira de cair na armadilha do amor como uma imposição de autocuidado. Essa ideia é cruel por um lado, porque faz a gente acreditar que tudo só "depende de nós". Mas, ao mesmo tempo, a gente, mesmo diante de contingências difíceis, tem que achar saídas possíveis para criar uma forma minimamente aceitável para se viver. Como vivemos entre a autonomia e os contextos, somente poderemos fazer isso se o fizermos juntos.

Esse amor como aposta e atitude opera um contágio virulento de transformações pessoais e comunitárias, cujas reverberações nunca alcançamos. Ele se oferece como um lastro e todo o resto é o nosso trabalho persistente de construção sem fim sobre seu alicerce. Afinal, viver é estar para sempre em reforma.

> Viver é estar para sempre em reforma.

O amor como ação é um modo de reconciliar o despedaçar da vida a que estamos submetidos, reunindo seus fragmentos e lhe emprestando uma maneira de alinhavá-la novamente com a beleza típica dos trampolins: a promessa do salto. Por fim e apesar de tudo existe o amor como salto, como ato, como uma forma de inventar no meio do céu uma nova animação: a alma em movimento. Esse amor em salto pode até fazer um corpo voar, desafiando por instantes de incrível potência as leis imutáveis da gravidade.

O feitio do amor é se avolumar, fazer-se gigante a ponto de não termos sobre ele o efetivo controle. Seus alcances não se podem capturar com o olhar de quem ama como uma escolha de vida. Amar como verbo não é de supetão, é de construção. Plantio e colheita, semente e árvore, o fim e o começo. O amor se torna verbo aos pouquinhos, devagar e sempre. Vai se alastrando, tomando vulto e corpo, enramando-se por espaços improváveis, abrindo fendas na dureza das violências.

O amor como verbo se transforma a todo tempo. Qualquer um que olhe verá o amor, mas ele nunca é o mesmo. À medida que se conjuga o amar tudo se transforma. O amor como verbo vai ficando tão grande que se fará sempre maior que cada um de nós. Espalha-se por sobre nossa humanidade produzindo seus alcances. O amor como prática não dá conta de tudo, mas tem imenso poder.

Por tudo isso, o amor como ato é também outra forma de conjugar o verbo da esperança. Ele nos põe cara a cara com a verdade da nossa condição humana: amamos e por isso ainda há a humanidade, apesar de tudo. Esse tipo de amor que é trabalho e que é agrupamento nos demonstra que suas conexões são muito profundas com o mais básico e mais sublime de nós, humanos: existir através do outro e poder sempre inventar novas formas de viver e amar, mesmo quando nuvens espessas e sobrecarregadas de cinza encobrem a luz do dia.

É aí que está a esperança colocada igualmente em verbo. O "esperançar" freiriano é ir à luta com outras pessoas para achar um jeito de fazer as coisas diferentes e melhores para todos. Amar como verbo é escolher esperançar pela humanidade.

Byung-Chul Han diferencia a esperança passiva da ativa. A esperança passiva seria um desejo sem força; já a esperança ativa é forte e inspira pessoas em direções criativas e transformadoras.[21] A esperança passiva, mera expectativa e mera expectadora do viver, aguarda que eventos ou objetos promovam sua satisfação. Na esperança ativa, amor em ação, o que se vê são pessoas reluzentes e cheias de vida, capazes de transformar realidades as mais diversas, à custa de esforços amorosos pessoais e coletivos. Então, a esperança ativa é o ato do esperançar.

Essa esperança que se move e nos move é uma antítese do medo. O amor como esperança é uma forma de confabular a favor da vida e da humanidade. O medo isola pessoas, as afasta, cria no outro a marca da ameaça e não o símbolo do vínculo. A esperança em forma de amor como verbo é uma reafirmação daquilo que é nosso, coletivo, plural. Ela aproxima, congrega, cria comunidades e isso são feitos do amor como ação e escolha.

A esperança é o principal ingrediente do amor como algo revolucionário. O medo é submisso, o amor é subversor de lógicas desumanas. Esperançar um mundo diferente para melhor é um catalisador da força revolucionária do amor. Por isso a vida não pode, como disse Han, definhar em sobrevivência, para quem a esperança é o que "inerva a vida e a salva da rigidez".

Diante de um futuro duvidoso, a esperança é a brisa de anúncio sobre um amanhã possível e o vendaval que abala as velhas estruturas; é o lar e é a revolução. Esse amor de esperançar é um fluxo de vida que se afeiçoa ao novo e à transformação, que crê num futuro que já existe sem existir propriamente ainda, que persiste mesmo diante da dor inescapável de viver. Esse futuro se faz num lindo e corajoso voo incerto por entre os vales promissores do amor. É o esperançar do amor que faz com que conectemos o presente ao futuro, ao mesmo tempo em que tentamos construí-lo desde já.

A esperança renova nossos atos, nos conecta com esse estado de amor que caminha rumo a um tipo de sonho que se sonha acordado. Sonhar acordado é almejar junto, é congregar sentidos e afetos. Sonhar acordado é utopia e política, é força e suavidade, é fantasia e realidade, tudo junto.

Esse é um tipo de sonho que sonha para frente, que enxerga adiante, nos coloca em movimento e nos leva a construir, a muitas mãos, dias potencialmente melhores. Além de estimular que imaginemos, a esperança promove ações em atos de amor. A esperança não se conforma com pouco, com o sobreviver apenas, ela almeja e luta pela exuberância da vida em sua forma o mais plena possível.

Viver no presente sem os sonhos de esperança no amor como ato de modificação da realidade é o fim da linha, a inércia. A esperança é, sim, ativa, tal qual o amor que se faz verbo. A esperança como componente dessa escolha pelo amor jamais

A esperança do amor morde a vida com seus amargos e suas doçuras, promovendo encontros de confluência.

renuncia à vida com tudo o que há de melhor e pior para se viver. A esperança do amor morde a vida com seus amargos e suas doçuras, promovendo encontros de confluência.

O amor se fazer como verbo é uma forma de confluência nas palavras do Antônio Bispo dos Santos, lavrador e escritor brasileiro. Para ele, a confluência é uma "força que rende, que aumenta, que amplia"[22] na medida em que ela nos direciona ao compartilhamento, ao respeito e ao reconhecimento.

Compartilhar é algo distinto da troca segundo suas sábias ideias. Trocar diminui, compartilhar aumenta. O amor como verbo enaltece a esperança de afetos e atitudes de compartilhamento, pois tudo nessa posição propõe englobar a diversidade, a diferença, a alteridade: haverá *um* onde houver *todos*. Dito de modo muito mais belo: "um rio não deixa de ser um rio porque conflui com outro rio, ao contrário, ele passa a ser ele mesmo e outros rios, ele se fortalece. Quando a gente confluencia, a gente não deixa de ser a gente, a gente passa a ser a gente e outra gente – a gente rende".[23] Por tudo isso, a confluência é uma forma do amor como verbo se fazer esperança em ato.

A esperança nem sempre conta com um objeto sobre qual se debruce, especialmente se ela é mais além da expectativa. Amar a esperança é aceitar seu sentido errático. Esperançar é propriamente um modo amoroso de se viver. Todo o resto é secundário. O caminho do amor é o da esperança para fazer florescer na humanidade toda a sua grandeza, ainda que com inevitáveis e inumeráveis percalços pelo caminho. Em última instância, em seu sentido mais amplo, viver é sempre uma esperança de amor.

Agradecimentos

Agradecer. Agradecer por esta aventura. Agradecer por esta travessura. Obrigado a Bia Nunes de Sousa, meu suporte, pela paciência, pelo cuidado e pela afetividade para além do trabalho. Obrigado a Alexandre Coimbra Amaral, meu amigo artesão, por insistir em ser generoso comigo de uma forma que não se exprime em palavra. Obrigado a Claudia Siqueira e Thais Costa, minhas amigas de todo o sempre, pela leitura generosa e tão cuidadosa do original. Obrigado a Fernanda Burgos e a Lucca Marimpietri, meus melhores caminhos, por compreenderem minhas ausências e meus silêncios. Obrigado a Eliana Marimpietri, minha mãe, por toda a sua intensidade em ter sonhado a vida sempre mais longe do que minha vista um dia pôde alcançar.

Notas

Viver o tempo

[1] Killan, Kasey. *The Art and the Science of Connection: Why Social Health is the Missing Key to Living Longer, Healthier, and Happier.* Nova York: HarperOne, 2024.

[2] Robbins, Mel. *Deixa pra lá*. Trad. Alessandra Bonrruquer e Ivanir Callado. Rio de Janeiro: BestSeller, 2025.

[3] Mosé, Viviane. *A espécie que sabe*. Rio de Janeiro: Civilização Brasileira, 2024.

[4] Krenak, Airton. *A vida não é útil*. São Paulo: Companhia das Letras, 2020.

[5] Krenak, Airton. *Ideias para adiar o fim do mundo*. São Paulo: Companhia das Letras, 2019.

[6] Santos, Antônio Bispo dos. *A terra dá, a terra quer*. São Paulo: Ubu Editora / PISEAGRAMA, 2023.

[7] Sabino, Fernando. *O encontro marcado*. Rio de Janeiro: Record, 2005.

[8] Adichie, Chimamanda Ngozi. *O perigo de uma história única*. Trad. Julia Romeu. São Paulo: Companhia das Letras, 2019.

[9] "O haver", de Vinicius de Moraes. In: Ferraz, Eucanaã (org.) *Poemas esparsos*. São Paulo: Companhia das Letras, 2008.

[10] Bauman, Zygmunt. *Retrotopia*. Trad. Renato Aguiar. Rio de Janeiro: Zahar, 2017.

[11] Bandeira, Manuel. *As cinzas das horas*. São Paulo: Global, 2013.

[12] More, Thomas. *Utopia*. Trad. Denise Bottmann. São Paulo: Penguin-Companhia, 2018.

[13] Entrevista concedida ao programa *Singulars*. Disponível em: https://www.3cat.cat/3cat/eduardo-galeano/video/3541530/.

[14] Sevcenko, Nicolau. *A corrida para o século XXI: No loop da montanha-russa*. São Paulo: Companhia das Letras, 2011.

[15] Entrevista concedida ao programa Dando a Real com Leandro Demori em 5 nov. 2024. Disponível em: https://youtu.be/qIiBXRG4JAw.

[16] Lebrun, Jean-Pierre. *Um mundo sem limites: Ensaio para uma clínica psicanalítica do social.* Trad. Sandra Regina Felgueiras. Rio de Janeiro: Companhia de Freud, 2004.

[17] Emerson, Ralph Waldo. *Prudence*. Nova York: Nabu Press, 2010.

[18] Galeano, Eduardo. O *livro dos abraços*. Trad. Eric Nepomuceno. Porto Alegre: L&PM, 2005.

[19] Bauman, Zygmunt. *Comunidade: A busca por segurança no mundo atual.* Trad. Plínio Dentzien. Rio de Janeiro: Zahar, 2003.

[20] Birman, Joel. *Mal-estar na atualidade*. Rio de Janeiro: Civilização Brasileira, 1999.

[21] Lipovetsky, Gilles. *A sociedade da decepção*. Trad. Armando Braio Ara. Barueri: Manole, 2007; Schwartz, Barry. *O paradoxo da escolha: Por que mais é menos*. Trad. Fernando Santos. São Paulo: A Girafa, 2004.

[22] Calligaris, Contardo. "Liberdade para o quê?", *Folha de S. Paulo*, 10 jan. 2008. p. 12, c.E.

[23] Han, Byung-Chul. *Sociedade do cansaço*. Trad. Enio Paulo Giachini. 2. ed. Petrópolis: Editora Vozes, 2015.

[24] Bosco, Francisco. *O diálogo possível: Por uma reconstrução do debate público brasileiro*. São Paulo: Todavia, 2022.

[25] Freire, Paulo. *Pedagogia da Esperança: Um reencontro com a Pedagogia do Oprimido*. Rio de Janeiro: Paz & Terra, 1992.

[26] Rosa, João Guimarães. *Grande sertão: Veredas*. São Paulo: Companhia das Letras, 2019.

[27] Bauman, Zygmunt. *Vida líquida*. Trad. Carlos Alberto Medeiros. Rio de Janeiro: Zahar, 2007.

[28] Lipovetsky, Gilles. *A Sociedade da Decepção*. Trad. Armando Braio Ara. Barueri: Manole, 2007.

[29] Han, Byung-Chul. *Favor fechar os olhos: Em busca de um outro tempo*. Trad. Lucas Machado. Petrópolis: Editora Vozes, 2021.

[30] Honoré, Carl. *Devagar: Como um movimento mundial está desafiando o culto da velocidade*. Trad. Clóvis Marques. Rio de Janeiro: Record, 2019.

[31] Lipovetsky, Gilles; Charles, Sébastien. *Os tempos hipermodernos*. Trad. Mario Vilela. São Paulo: Barcarolla, 2004.

[32] Bauman, Zygmunt. *Sobre educação e juventude: conversas com Ricardo Mazzeo*. Trad. Carlos Alberto Medeiros. Rio de Janeiro: Zahar, 2013.

[33] Bregman, Rutger. Humanidade: *Uma história otimista do homem.* Trad. Claudio Carina. São Paulo: Crítica, 2021.

[34] Moraes, Vinicius de. "Poética I e II". In: *Antologia poética*. Brasil: Philips Records, 1977.

[35] Han, Byung-Chul. *O aroma do tempo: Um ensaio filosófico sobre a arte da demora*. Trad. Miguel Serras Pereira. Lisboa: Relógio D'Água, 2016.

Cultivar o espanto

[1] Sófocles. *Antígona*. Trad. Lawrence Flores Pereira. São Paulo: Penguin-Companhia, 2023.

[2] Savater, Fernando. *As perguntas da vida*. Trad. Monica Stahel. São Paulo: Martins Fontes, 2001.

[3] Camus, Albert. *O estrangeiro*. Trad. Valerie Rumjanek. Rio de Janeiro: Record, 1979.

[4] *Dias perfeitos.* Direção: Wim Wenders. Tóquio: Master Mind Ltd., 2023. 1 filme (123 min), son., color.

[5] Petersen, Anne Helen. *Não aguento mais não aguentar mais: Como os Millennials se tornaram a geração do burnout*. Trad. Giu Alonso. Rio de Janeiro: Harper Collins, 2021.

[6] Lispector, Clarice. *Água viva*. Rio de Janeiro: Rocco, 2020.

[7] Bishop, Elizabeth. "Uma arte". In: *Uma arte: as cartas de Elizabeth Bishop*. Trad. Paulo Henriques Britto. São Paulo: Companhia das Letras, 1995.

[8] Porto, Walter. "Paradoxo da humanidade é ter que desacelerar, mas rápido, diz Yuval Noah Harari". *Folha de S. Paulo*, 17 out. 2024.

[9] Maté, Gabor; Maté, Daniel. *O mito do normal: Trauma, saúde e cura em um mundo doente*. Trad. Fernanda Abreu. Rio de Janeiro: Sextante, 2023.

[10] Reis, Ricardo. "Para ser grande, sê inteiro". In: Pessoa, Fernando. *Odes de Ricardo Reis.* Porto Alegre: L&PM, 2006.

[11] L'Ecuyer, Catherine. *Educar na realidade*. Trad. Nono Vinha. São Paulo: Fons Sapientiae, 2019.

[12] Han, Byung-Chul. *O desaparecimento dos rituais: Uma topologia do presente*. Trad. Gabriel Salvi Philipson. Petrópolis: Editora Vozes, 2021.

[13] Norton, Michael. *A força do ritual: Potencialize seus hábitos e encontre propósito na vida*. Trad. Alessandra Bonrruquer. Rio de Janeiro: BestSeller, 2024.

[14] Calvino, Italo. *Seis propostas para o próximo milênio*. Trad. Ivo Barroso. São Paulo: Companhia das Letras, 1990.

[15] Couto, Mia. *O universo num grão de areia*. Amadora: Caminho, 2019.

[16] Galeano, Eduardo, "Janela sobre o corpo". In: *As palavras andantes*. Trad. Eric Nepomuceno. Porto Alegre: L&PM, 2017.

[17] Han, Byung-Chul. *Vita contemplativa ou sobre a inatividade*. Trad. Lucas Machado. Petrópolis: Editora Vozes, 2023.

[18] Prata, Antonio. *Nu, de botas*. São Paulo: Companhia das Letras, 2013.

[19] Huizinga, Johann. Homo Ludens: *O jogo como elemento da cultura*. Trad. João Paulo Monteiro e Newton Cunha. São Paulo: Perspectiva, 2019.

[20] Masi, Domenico de. *O ócio criativo*. Trad. Léa Manzi. Rio de Janeiro: Sextante, 2004.

[21] Cruz, Helen de. *Wonderstruck: How Wonder and Awe Shape the Way We Think*. Princeton, NJ: Princeton University Press, 2024; Descartes, René. *As paixões da alma*. Trad. Ciro Mioranza. São Paulo: Lafonte, 2021.

[22] Colasanti, Marina. "Eu sei, mas não devia". In: *Eu sei, mas não devia*. Rio de Janeiro: Rocco, 1996.

Elogiar a imperfeição

[1] Brown, Brené. *A coragem de ser imperfeito: Como aceitar a própria vulnerabilidade, vencer a vergonha e ousar ser quem você é*. Trad. Joel Macedo. Rio de Janeiro: Sextante, 2016.

[2] Debord, Guy. *A sociedade do espetáculo*. Trad. Estela dos Santos Abreu. Rio de Janeiro: Contraponto, 2007.

[3] Llosa, Mario Vargas. *A civilização do espetáculo: Uma radiografia do nosso tempo e da nossa cultura*. Trad. Ivone Benedetti. Rio de Janeiro: Objetiva, 2013.

[4] Mãe, Valter Hugo. *As mais belas coisas do mundo*. São Paulo: Biblioteca Azul, 2019.

[5] Han, Byung-Chul. *A salvação do belo*. Trad. Gabriel Salvi Philipson. Petrópolis: Editora Vozes, 2019.

[6] Waldinger, Robert; Schultz, Marc. *Uma boa vida: Como viver com mais significado e realização*. Trad. Lívia de Almeida. Rio de Janeiro: Sextante, 2023.

[7] Arendt, Hannah. *A condição humana*. Trad. Roberto Raposo. Rio de Janeiro: Forense Universitária, 2016.

[8] Han, Byung-Chul. *O desaparecimento dos rituais: Uma topologia do presente*. Trad. Gabriel Salvi Philipson. Petrópolis: Editora Vozes, 2021.

[9] Waldinger, Robert; Schultz, Marc. *Uma boa vida: Como viver com mais significado e realização*. Trad. Lívia de Almeida. Rio de Janeiro: Sextante, 2023.

[10] Glantz, Margo. *E por olhar tudo, nada via*. Trad. Paloma Vidal. Belo Horizonte: Relicário, 2021.

[11] Kristeva, Julia. *As novas doenças da alma*. Trad. Joana Angélica d'Ávila Melo. Rio de Janeiro: Rocco, 2002.

[12] Han, Byung-Chul. *Sociedade paliativa: A dor hoje*. Trad. Lucas Machado. Petrópolis: Vozes, 2021.

[13] Assis, Machado de. *Memórias póstumas de Brás Cubas*. São Paulo: Penguin-Companhia, 2014.

[14] Lembke, Anna. *Nação dopamina: Por que o excesso de prazer está nos deixando infelizes e o que podemos fazer para mudar*. Trad. Elisa Nazarian. São Paulo: Vestígio, 2022.

[15] Brown, Brené. *A arte da imperfeição: Abandone a pessoa que você acha que deve ser e seja você mesmo*. Trad. Lúcia Ribeiro da Silva. Rio de Janeiro: Sextante, 2020.

[16] Collodi, Carlo. *As Aventuras de Pinóquio*. Trad. Marina Colasanti. São Paulo: Companhia das Letrinhas, 2002.

[17] Beckett, Samuel. *Companhia e outros textos*. Trad. Ana Helena Souza. São Paulo: Biblioteca Azul, 2012.

[18] Lispector, Clarice. "Carta". In: Monteiro, Teresa. (Org.). *Correspondências*. Rio de Janeiro: Rocco, 2002.

[19] Savater, Fernando. *O valor de educar*. Trad. Monica Stahel. São Paulo: Martins Fontes, 1998.

[20] Andrade, Carlos Drummond de. "A flor e a náusea". In: *A rosa do povo*. São Paulo: Companhia das Letras, 2012.

Amar como verbo

[1] Somé, Sobonfu. *O espírito da intimidade: Ensinamentos ancestrais africanos sobre maneiras de se relacionar*. Trad. Deborah Weinberg. São Paulo: Odysseus, 2003.

[2] Mãe, Valter Hugo. *A desumanização*. São Paulo: Biblioteca Azul, 2017.

[3] Mãe, Valter Hugo. *O paraíso são os outros*. São Paulo: Biblioteca Azul, 2018.

[4] Vieira, Henrique. *O amor como revolução*. Rio de Janeiro: Objetiva, 2019.

[5] hooks, bell. *Tudo sobre o amor: Novas perspectivas*. Trad. Stephanie Borges. São Paulo: Elefante, 2021.

[6] Noguera, Renato. *Por que amamos: O que os mitos e a filosofia têm a dizer sobre o amor*. Rio de Janeiro: Harper Collins, 2020.

[7] Andrade, Carlos Drummond de. *Amar se aprende amando: Poesia de convívio e de humor*. São Paulo: Companhia das Letras, 2018.

[8] hooks, bell. *Tudo Sobre o Amor: Novas perspectivas*. Trad. Stephanie Borges. São Paulo: Elefante, 2021.

[9] Lispector, Clarice. "Mineirinho". In: *Para não esquecer*. Rio de Janeiro: Rocco, 2020.

[10] hooks, bell. *Tudo Sobre o Amor: Novas perspectivas*. Trad. Stephanie Borges. São Paulo: Elefante, 2021.

[11] Ferry, Luc. *A revolução do amor: por uma espiritualidade laica*. Trad. Véra Lucia dos Reis. Rio de Janeiro: Objetiva, 2012.

[12] Gerhardt, Sue. *Por que o amor é importante: Como o afeto molda o cérebro do bebê*. Trad. Maiza Ritomy Ide. Porto Alegre: Artmed, 2016.

[13] Gutfreind, Celso. *Narrar, ser mãe, ser pai: & outros ensaios sobre a parentalidade*. São Paulo: Difel, 2010.

[14] Savater, Fernando. *As perguntas da vida*. Trad. Monica Stahel. São Paulo: Martins Fontes, 2001.

[15] Han, Byung-Chul. *Sociedade paliativa: A dor hoje*. Trad. Lucas Machado. Petrópolis: Editora Vozes, 2021.

[16] Tavares, Rui. *Agora, agora e mais agora: Seis memórias do último milénio*. São Paulo: Tinta da China Brasil, 2024.

[17] Lispector, Clarice. *Água viva*. Rio de Janeiro: Rocco, 2020.

[18] Calligaris, Contardo. *O sentido da vida*. São Paulo: Paidós, 2023.

[19] Han, Byung-Chul. *Sociedade do cansaço*. Trad. Enio Paulo Giachini. Petrópolis: Editora Vozes, 2015.

[20] Mãe, Valter Hugo. *O filho de mil homens*. Rio de Janeiro: Biblioteca Azul, 2016.

[21] Han, Byung-Chul. *O espírito da esperança contra a sociedade do medo*. Trad. Milton Camargo Mota. Petrópolis: Vozes, 2024.

[22] Santos, Antônio Bispo dos. *A terra dá, a terra quer*. São Paulo: Ubu Editora / PISEAGRAMA, 2023.

[23] Idem.

Este livro foi composto com tipografia Adobe Garamond Pro e
impresso em papel Off-White 70 g/m² na Formato Artes Gráficas.